Alice Taylor
Zur Schule durch die Felder

Alice Taylor

Zur Schule durch die Felder

Eine irische Kindheit

Lamuv Taschenbuch 192

Originaltitel: To School Through the Fields
Aus dem Englischen von Hans-Heinrich Würmli
unter Mitarbeit von Heike Brillmann-Ede und Heike Demmel

Bitte fordern Sie unser kostenloses Gesamtverzeichnis an:
Lamuv Verlag, Postfach 26 05, D-37016 Göttingen

Das Papier des Buchblocks besteht zu 80 Prozent aus Altpapier,
zu 20 Prozent aus Holzschliff von Durchforstungsholz aus
nachhaltiger Forstwirtschaft.
Es enthält keine Färbung oder optische Aufheller.

1. Auflage 1996

Zuerst erschienen 1988 bei Brandon Book Publishers Ltd.
Dingle, Co. Kerry, Irland

Umschlaggestaltung: Gerhard Steidl
unter Verwendung eines Fotos von Guido Mangold
Gesamtherstellung: Steidl, Göttingen
Printed in Germany
ISBN 3-88977-439-3

Inhalt

Andere Zeiten

Dies ist die Geschichte einer Kindheit. Damals war es eine ganz gewöhnliche Kindheit, doch die Zeiten ändern sich. So wird es nie mehr sein.

Wir waren eine große Familie in einer engverwobenen ländlichen Gemeinde, die für uns ein zweites Zuhause war. Frei wie die Vögel am Himmel kamen die Nachbarn in unser Haus und wir in ihres. Man wurde nicht eingeladen und war doch jederzeit willkommen.

Die Alten waren nicht allein, da sich die Nachbarn die Hände reichten und sie einbezogen, genauso wie die Jungen. Wie in allen Gruppen von Individuen besaß jeder seine Eigenarten, und wir Kinder wurden durch die enge Verbindung mit so vielen Leuten in Menschenkenntnis gebildet.

Teilen war selbstverständlich, von der Milch im Winter, wenn einige Kühe keine Milch mehr gaben, bis zu den Schweinesteaks und Würsten, wenn eine Sau geschlachtet wurde. Auch die Arbeit wurde gemeinsam verrichtet - von der Heuernte bis zum Schneiden des Getreides und der Vorbereitung der Hausmesse. Unsere Gemeinschaft hatte eine verflochtene Struktur, die dazu beitrug, sich gegenseitig zu unterstützen.

So bitte ich Sie, mit mir in die Vergangenheit zurückzublicken, in eine Zeit, in der man noch Kind sein konnte und das Leben gemächlicher vonstatten ging.

Das Nest eines Kindes

Lisnasheoga war das Nest, in dem wir flügge wurden. Ein efeuumranktes, von Bäumen umgebenes Farmhaus, das auf der sonnigen Seite eines abfallenden Hügels stand, an dessen Fuß sich der Darigglefluß durch goldenen Stechginster schlängelte, um dann unter einer Steinbrücke in die dahinterliegenden Wälder zu entschwinden.

Im Sommer schwammen wir im Fluß und fingen mit Marmeladengläsern Elritzen. Am Sonntagabend angelte hier mein Vater, und jedesmal brachte er einen Beutel Forellen mit nach Hause. Im Winter zogen Lachse dieses ruhige Flußwasser hoch, um zu laichen, und es wurde natürlich hin und wieder gewildert, was mein Vater strengstens verurteilte. Als uns einmal ein großzügiger Nachbar einen gewilderten Lachs schenkte, rief mein Vater uns alle am Küchentisch zusammen und begann, den Fisch zu öffnen. Als die Eier herausströmten, erklärte er uns, was für einen großen Verlust an Fischleben der Fang dieses einen Lachses bedeutete. In der Welt meines Vaters befand sich die Natur im Gleichgewicht, und der Mensch hatte kein Recht, diese Ausgewogenheit, der Befriedigung seiner eigenen Habgier wegen, zu stören. Das Töten dieses Fisches widersprach den Gesetzen der Natur.

Der Fluß zeigte uns zwei unterschiedliche Seiten seiner Natur: Im Sommer war er unser Freund, im Winter jedoch barst er zu einem braunen, reißenden Strom, der voller Zorn über die Ufer trat und mit einem bedrohlichen Getöse durchs Tal schoß.

Von der Flußsenke aus stieg das Land an und dehnte sich zu einer Hügellandschaft aus, die sich am Horizont zu Bergen erhob, verschleiert im Nebel. Hier war das Ackerland, auf dem die Bauern und die Natur, je nach Jahreszeit, das Gesicht der Landschaft veränderten.

Unsere Eltern waren ein Paar voller Gegensätze. Meine Mutter, gütig und sanft, mit einer vorausschauenden Weisheit, erwartete von ihren Mitmenschen nur das Beste. Mein Vater war ein Mann von großer Intelligenz und mit einer niedrigen Toleranzschwelle. Geduld war keine seiner Tugenden. Er liebte die Bäume, die Vögel und alle Tiere auf seinem Hof. Die Natur genoß er in vollen Zügen, seinen Mitmenschen jedoch begegnete er mit mißtrauischen Augen und erwartete nie zuviel von ihnen.

Wir waren sieben Kinder in unserer Familie und wuchsen frei wie die Vögel auf, in einer einfachen Welt, unberührt von äußeren Einflüssen. Unsere Farm war unsere Welt, und die Natur als unsere Erzieherin ließ unserer Phantasie freien Raum. Unbewußt sogen wir die Gegebenheiten des Lebens in uns auf und beobachteten die Tatsachen des Lebens, wie sie sich täglich vor unseren Augen entfalteten. Wir waren frei, Kinder zu sein und unserem Wesen entsprechend aufzuwachsen, erdverbunden, an einem friedlichen Ort.

Vorbereitungen für die Hausmesse

In unserer Gegend richteten wir alle sechs Jahre die Hausmesse aus, und das war dann, als würden drei Weihnachten auf einmal gefeiert. Die Vorbereitungen konnten bereits zwölf Monate im voraus beginnen, boten sie doch die Möglichkeit, alles im und am Haus instandzusetzen, was nötig war. Der Grund für dieses Großreinemachen war natürlich, daß die Messe in unserem Haus gelesen wurde und sich dazu alle Nachbarn aus dem Umkreis von Meilen bei uns einfanden.

Abgebröckelte Mauern im Hof wurden ausgebessert, und jeder Zaunpfahl, der sein Gleichgewicht verloren hatte, fand sich unversehens wieder aufgerichtet. Gatter, die zuvor schräg hingen, schwangen nun wieder frei hin und her. Loses Wellblech wurde festgenagelt und fehlender Dachschiefer ersetzt. Schmutzig-graue Wände erstrahlten über Nacht jungfräulich weiß, und Misthaufen verschwanden aus dem Blickfeld. Den Kühen konnte ihr Eindruck, auf einem merkwürdigen Bauernhof zu leben, nicht verwehrt werden, erwarteten wir doch eigentlich von ihnen, nicht mehr das fallenzulassen, was in ihrer Natur lag.

Die Aufräumarbeiten draußen waren unbedeutend im Vergleich zu dem, was sich innen abspielte. Nichts vom Dach abwärts war mehr sicher. Mäuse und Spinnen, die seit Monaten gemütlich genistet hatten, mußten flüchten und sich eine Rettungsinsel suchen, um nicht im Seifenwasser zu ertrinken. Zerbrochene Fensterscheiben, zuvor mit Holzstücken zusammengeflickt, wurden nun ausgewechselt, und manchmal wurde sogar ein ganzes Fenster neu eingesetzt. Mit allerlei Kram gefüllte Säcke wurden wahllos verbrannt, und so mancher Familienschatz zerfiel zu Staub und Asche. Zimmer, in denen zuvor völlige Unordnung geherrscht hatte, erschienen auf ein Mal doppelt so groß: Wir wanderten in einem hohlschallenden Haus herum.

Waren wir mit dem Verbrennen und Putzen fertig, begannen die Malerarbeiten, und nichts entkam dem Pinsel. Decken, Wände, Tische und Stühle erhielten ein neues, glänzendes Äußeres. Es war die Zeit der langsam trocknenden Farben, und vergaß man, auf seine Schritte zu achten, konnte man am Schluß selbst bunt aussehen. Die Messe beanspruchte eigentlich nur die unteren Räume, doch sollte ein neugieriger Besucher auf Abwege geraten, wollten wir uns keinerlei Blöße geben.

Nach dem Saubermachen und Anstreichen wurde als nächstes der große Geschirrschrank im Wohnzimmer in Angriff genommen. Kostbares Porzellan, das sich seit langem im Familienbesitz befand, kam zum Vorschein. Der Respekt meiner Mutter vor diesem Gottesdienst rang jedesmal mit ihrer Angst vor Porzellanbruch, doch die Hausmesse trug immer den Sieg davon. Als einmal ein kostbarer Krug zu Bruch gegangen war, beklagte meine Mutter ihn tagelang und erzählte uns allen, wie lange er sich bereits im Familienbesitz befunden hatte. Schließlich sagte Dan, ein Wanderarbeiter, der gelegentlich auf unserer Farm aushalf: »Frauchen, wenn er schon so lange hier war, wurde es höchste Zeit, daß er zerbrach.« Und damit war die Sache erledigt.

Schon am Tag vor der Hausmesse kamen alle zusammen. Das Haus war voller Frauen, die polierten und Tische deckten. Weiße Leinentischtücher sahen zum ersten Mal seit Jahren wieder Tageslicht, und Mottenkugeln kullerten zwischen den Falten heraus. Ein strenges Auge wurde auf die Kinder geworfen - und dies aus gutem Grund. In einem Jahr, am Tag vor der Hausmesse eines Nachbarn, standen alle wertvollen Möbel draußen im Hof, als drinnen ein neuer Boden verlegt wurde. Die Erwachsenen waren im Haus beschäftigt, als die Kinder einen Eimer mit weißer Farbe entdeckten und die dunklen Mahagonimöbel leuchtend weiß anstrichen. Solche möglichen Katastrophen mußten immer einkalkuliert werden.

Der Abend vor der Hausmesse hatte eine besondere Atmosphäre, in der das Gefühl der Erwartung lag. Das ganze Haus war in Bereitschaft, und in sämtlichen Erdgeschoßzimmern brannte das Feuer. Die Tische waren mit feinem Porzellan und glänzendem Silber gedeckt, während in der Küche, abgedeckt, kleine Schüsselchen mit Würfelzucker und Teller mit Butterröllchen standen. Vor dem Kaminfeuer waren, vom kleinsten Schühchen an aufwärts, die polierten Schuhe in einer

Reihe angeordnet. In einem Holzzuber, der vor dem Schlafzimmerkamin stand, wurden wir alle gebadet, wobei wir Jüngsten zuletzt gewaschen wurden, da die Wahrscheinlichkeit, wieder schmutzig zu werden, bei uns am größten war.

Ich bezweifle, daß meine Mutter in jener Nacht zu Bett ging, falls es aber doch der Fall war, konnte es nur für kurze Zeit gewesen sein. Die Kühe wurden zeitig am Morgen geweckt und die Milch in aller Frühe zur Molkerei gebracht.

Nachdem die schmutzigen Arbeiten beendet waren, zogen alle ihre Festtagskleidung an. Der große Küchentisch wurde auf Stühle gestellt, damit er als Altar dienen konnte. Meine Mutter nahm es äußerst genau damit, denn sie war tief religiös, und die Ehre, daß die Messe in unserem Haus abgehalten wurde, wußte sie sehr zu schätzen. Am Morgen der Hausmesse strahlte sie eine besondere Aura des Friedens aus. Alle Vorbereitungen waren endlich vorüber und jetzt, umgeben von Familie und Freunden – alle Nachbarn waren gleichzeitig auch Freunde – war sie bereit, Gott in ihrem Haus willkommen zu heißen. Dies waren die zwei wichtigsten Dinge in ihrem Leben: ihre Familie und Gott.

Mein Vater, gekleidet in seinem besten schwarzen Anzug und mit weichen, glänzenden Stiefeln – er trug nie Schuhe –, wartete vor der Tür, um die Nachbarn und die Priester zu begrüßen. Es war großartig, die Nachbarn ankommen zu sehen. Einige von ihnen hatten mit uns bis spät in die Nacht hinein gearbeitet, jetzt aber waren alle dem Ereignis entsprechend gekleidet.

Zuletzt kamen die Priester und schüttelten reihum hastig die Hände. Einer der Priester las in der Küche die Messe, während der andere im Wohnzimmer am Kamin die Beichte abnahm. Es reizte mich immer, am eigenen Wohnzimmerkamin zur Beichte zu gehen. Es herrschte eine herzliche Stimmung während dieser Messe und dem Abendmahl mit all den um den Küchentisch versammelten Nachbarn. Wir hatten zusammen gearbeitet und gespielt, und jetzt teilten wir etwas, das viel bedeutender war und ein besonderes Band zwischen uns knüpfte. Es war wie das letzte Abendmahl.

Nach der Messe gesellte sich der Beichtvater zu dem anderen Priester, und die Kollekte wurde eingesammelt. Danach wurde ein Freiwilliger für die nächste Hausmesse gesucht, was eine reine Formalität war, da jeder Haushalt in festgesetzter Folge an die Reihe kam und jeder wußte, wer der nächste sein würde.

Dann war die Aufregung groß: Die Massen wollten verpflegt sein. Doch anstelle von Brot und Fisch gab es gewöhnlich Leckerbissen aller Art im Überfluß, und jedermann half, so daß keine Panik, nur ein organisiertes Durcheinander entstand, und am Ende waren alle satt geworden.

Nach dem Frühstück verließen uns die Priester, was das offizielle Ende der Hausmesse bedeutete, doch wir feierten den ganzen Tag bis spät in die Nacht weiter. Nachbarn, die am Morgen nicht kommen konnten oder nicht zu unserem Gemeindekreis gehörten, kamen am Abend oder gar noch in der Nacht. Verwandte verschiedenen Grades erschienen und, da unsere Familie weitverzweigt war, konnte dies die Hälfte der Pfarrgemeinde sein.

Es war sowohl ein religiöses wie auch ein geselliges Ereignis. Leute begegneten sich, die normalerweise nur zusammen arbeiteten, und Besucher trafen alte Nachbarn wieder. Man unterhielt sich großartig. Oft begann aus dem Stegreif ein Konzert und jeder, der singen konnte, und in der Tat auch einige, die es nicht konnten, unterhielten die muntere Gesellschaft. Dies ging in einen Tanz über, wenn ein Nachbar in die Tasten seines Melodions griff. An Energie mangelte es uns nicht, und man konnte glauben, wir hätten uns extra für das Fest in der Woche davor ausgeruht.

Nach der Hausmesse konnte man wochenlang nichts mehr finden. Mützen waren verschwunden, Stiefel wurden als vermißt gemeldet, und manch einem fehlte die alte Lieblingsjacke. Doch wen kümmerte das? Wir hatten einen großartigen Tag erlebt, und das Haus war noch auf Monate hinaus so gewienert, daß Besucher aus Amerika empfangen werden konnten.

Unter Gottes Altar

Die alte Nell trug ihre Zähne in ihrer Tasche herum. Nell, unsere exzentrischste Nachbarin, steckte oft in Schwierigkeiten. Meine Mutter brachte sie einmal zu einem Arztbesuch nach Cork, und anschließend gingen sie ins alte Savoy Hotel, um zu essen. Sobald die Kellnerin das Essen serviert hatte, nahm Nell ihre falschen Zähne heraus und legte sie in den Aschenbecher. Meine Mutter zuckte mit keiner Wimper, und niemand hätte je davon erfahren, wenn nicht meine Schwester, die damals in Cork arbeitete, die beiden begleitet hätte – sehr zu ihrem eigenen Bedauern.

Warum sich Nell überhaupt mit den Zähnen abplagte, war schwer zu verstehen: Sie benutzte sie nicht zum Essen, und man mußte sie nur ansehen, um zu erkennen, daß sie wenig Wert auf ihr Erscheinungsbild legte. Die simple Wahrheit lag wohl in der Tatsache, daß die Zähne sie viel Geld gekostet hatten, und sie betrachtete diese deshalb eher wie den neuen Hut, den sie nur zu besonderen Anlässen trug. Daß Nell das Gebiß überhaupt erworben hatte, war einzig den beachtlichen Überredungskünsten ihres Zahnarztes zuzuschreiben, denn Nell von ihrem Geld zu trennen, kam dem Versuch gleich, eine festsitzende Muschel vom Fels zu lösen.

An Geld mangelte es ihr nicht. Sie war das jüngste Kind einer großen Familie, die nach Amerika ausgewandert war und dort ihr Glück gemacht hatte. Da ihren Angehörigen das Heiraten nicht im Blut lag, war bei deren Tod jeweils Nell die Nutznießerin.

Sie lebte in einem kleinen Haus mit durchhängendem Strohdach, worin Vögel das ganze Jahr nisteten und sich die Schwalben alljährlich versammelten. Das Haus selbst glich einem Vogelnest und war derart von Grünpflanzen umwuchert, daß es im Innern stets düster blieb. Mein Vater hatte sie oft zu überreden versucht, ein neues Haus zu bauen, doch kam das für sie nicht in Frage, zumal sie auch die Vögel nicht mit Renovierungsarbeiten stören wollte. Während somit alles beim alten blieb, äußerte mein Vater oft, er hoffte, das Haus würde Nell überdauern, und tatsächlich, so war es.

Nur wenige Nachbarn besuchten sie, was nicht daran lag, daß sie nicht zu ihr gewollt hätten. Vielmehr war es Nell, die keine Besucher sehen mochte. Sie traute nicht vielen Menschen und zog es vor, allein zu sein. Selbst wenn sie zu uns kam, begann sie, noch ein Feld entfernt, sich durch Schreien anzukündigen: Wir hörten sie, bevor wir sie sahen. Mein Vater schaute dann zum Himmel hoch und bemerkte: »Nell bellt wieder mal.« Sie hatte eine schrille, zänkische Stimme und schrie, ganz gleich, ob man sich im selben Zimmer befand oder ein Feld weit entfernt war.

Wenn sie kam, war sie gewöhnlich in heller Aufregung: Die Kühe wollten gerade ausbrechen, der Esel saß in einem Loch fest, oder irgendein anderes Unglück hatte sie ereilt. Und, was auch immer wir taten, wir hatten alles stehen- und liegenzulassen und zu ihrer Rettung herbeizueilen. Dennoch war sie nicht im geringsten dankbar dafür, was man für sie getan hatte. Soweit es sie betraf, lag in der Tugend die Belohnung.

Eines Tages verbrachte mein Vater einige besonders anstrengende Stunden beim Versuch, das Strohdach auszubessern, ohne die Vögel zu stören oder selbst durchzufallen. Als er fertig war, schrie sie ihm aus der Tür zu: »Du hast dir selbst ein Bett im Himmel bereitet.« Damit deutete sie an, daß er ihr dankbar sein sollte, hatte sie doch seinem Seelenheil eine goldene Brücke gebaut.

Falls man Nell begegnete, ohne sich auf einen Schock vorbereitet zu haben, konnte sie einen zu Tode erschrecken. Sie hatte lange, schwarze Haare, die sie nie wusch und die von Fett und Ruß ganz starr waren. Sie hatte einen geraden, schwarzen Pony, der ein bißchen dem von Kleopatra glich, nur daß Nells Haare mit Rauch parfümiert waren. Eine seltsame Kombination von Kleid und Overall bedeckte sie vom Hals bis zu den Fußknöcheln und den Handgelenken. Ihre jungfräuliche Haut erblickte nie das Tageslicht. Sie trug schwarze Strickstrümpfe und schwarze Lederstiefel, die oberhalb der Fußknöchel geschnürt wurden. Ihr Gesicht war fast so schwarz wie ihre Haare und, falls sie ihre Zähne trug, betonten diese noch das Schwarz, da die Zähne durch den seltenen Gebrauch immer noch so perlweiß schimmerten wie an dem Tag, als der Zahnarzt sie eingesetzt hatte. Befanden sie sich nicht in ihrem Mund oder in der Tasche, dann lagen sie in einem Marmeladenglas eingeweicht auf der Kommode – und waren damit der einzig helle Fleck, grinsend im Halbdunkel der Küche.

Ich hielt Nell für eine Wesensverwandte. Jeden Tag besuchte ich sie für mehrere Stunden. Durch die seltsame Anziehung, die sich oft zwischen sehr alten und ganz jungen Menschen entwickelt, harmonierten wir vollkommen. Ihr Verhalten entsprach nicht dem normalen, von den Erwachsenen akzeptierten. In meinen Augen rückte sie dies beinahe in meine Welt, da sie für mich eher ein Kind wie ich selbst als eine Erwachsene war. Wir fuhren im Eselskarren ins Dorf, und ich durfte den Esel führen, der jedoch seinen eigenen Willen durchsetzte, so daß wir manchmal an Orte gelangten, die weit ablagen vom ursprünglich angestrebten Ziel.

Mit Nell zusammen sah ich meine erste Leiche. Irgendeine alte Frau, die mit Nell zur Schule gegangen war, war etliche Meilen entfernt gestorben. Wir schirrten den Esel an den Karren und zogen los. Es war ein schöner, warmer Tag und, da der Esel zum Grasen hielt, wann immer er das Bedürfnis dazu hatte, benötigten wir den halben Tag hin und die andere Hälfte, um zurückzukommen.

Als wir beim Haus der Verstorbenen angelangt waren, geleitete man uns in das Zimmer, in dem die Tote aufgebahrt war. Ich hatte nie zuvor eine Leiche gesehen und erstarrte vor Schreck. Wie immer sie im Leben gewesen sein mochte, im Tod sah diese alte Dame abstoßend und aggressiv aus. Sie lag aufgerichtet im Bett, trug ein blaues, hochgeschlossenes Kleid mit Rüschen, ihr volles Haar ergoß sich über ihrem Kopf. Ihr Gesicht war grau und streng. Sie schaute, als hätte sie ihr Leben lang ausgeteilt und als ob sie zu jeder Minute von vorne beginnen könne. Ich war froh, als wir hastig wieder verschwanden.

Nell hielt sich nicht an gesellschaftliche Umgangsformen, und so bestiegen wir den Eselskarren und fuhren zurück, ohne jeglichen Austausch von Förmlichkeiten mit den anderen Trauernden. Ich war ziemlich nervös, da die alte Dame uns vielleicht hätte nachkommen können. Ich schaute zurück und sah, daß alle Trauergäste auf der Straße standen und uns nachblickten. Nell hatte sich nicht die Mühe gemacht, sich vorzustellen, und da wir aus einer anderen Pfarrgemeinde kamen, hatten sie Nell noch nie gesehen. Wahrscheinlich hielten sie Nell für den Teufel.

Der einzige andere Besucher, der regelmäßig zu Nell kam, war Tim Joe, ein alter, halbblinder Mann. Er lebte weiter hinten im Tal und trug ihr alle Neuigkeiten zu, die seiner Meinung nach für Nell von Interesse waren. Er war es auch, der ihr die Nachricht vom Tod der alten Dame überbracht hatte.

Obwohl sie gewöhnlich nur wenige Besucher empfing, hatte sich Nell entschlossen, die Hausmesse bei sich abzuhalten. Es wurde nicht von ihr erwartet, aber eigensinnig wie sie war, gab ihr gerade das Grund genug, es doch zu tun. Sie ließ alle Nachbarn durch Tim Joe wissen, daß sie allerdings nicht gewillt sei, sich durch ein Festmahl um Haus und Hof zu bringen. Zweifellos verstanden sie die Botschaft, da keiner der Nachbarn sich an Nells Hausmesse oder den Vorbereitungen dazu beteiligte, außer Tim Joe und mir. Und, verglichen mit den Vorbereitungen, die in anderen Häusern getroffen wurden, gab es bei Nell fast keine. Meine Mutter sorgte sich mehr um die Messe als Nell, aber sie war machtlos, irgend etwas zu tun, da Nell, hatte sie sich erst einmal etwas vorgenommen, hart wie Stahl war. Die Farbe von Nells Tüchern für den Altar und der Mangel an Lebensmitteln für das Essen der Priester verursachte meiner Mutter schlaflose Nächte, Nell dagegen machte sich darüber keinerlei Gedanken.

Am Tag vor der Messe fegten Nell und ich den Küchenboden und schafften die Asche fort, die sich manchmal anhäufte, da Nell nicht immer den Drang verspürte, sie zu entfernen. Wir kalkten die Innen- und Außenwände, sofern sie nicht von Efeu bedeckt waren und, nachdem der Boden gewischt und die Fenster gereinigt waren, hatten wir den Eindruck, in einem Palast zu sein. Die Katzen und Hunde, die ich der Reinigung wegen hinausbefördert hatte, ängstigten sich, wieder hineinzugehen.

Nach unserer anstrengenden Arbeit bereitete Nell Tee, und zu meiner Freude zauberte sie einen Rosinenkuchen hervor. Doch während unserer Tee-Party sah sie durchs Fenster einen neugierigen Nachbarn herankommen, und sofort versteckte sie den Kuchen hinter einem auf dem Tisch stehenden Milchkrug. Nells Überzeugung war, daß es segensreicher sei, zu empfangen als zu geben.

Nach dem Tee nahm sie vom rauchgeschwärzten Dachsparren eine Holzkiste herunter. Noch bevor wir diese öffnen konnten, schoß eine braune Maus zwischen unseren Fingern hindurch. Ihre Vorfahren waren wahrscheinlich schon vor Jahren dort eingezogen, und Generationen ihrer Sippe sind in dieser Kiste aufgewachsen. Sie waren natürlich gezwungen, in diesen Höhen zu leben, weil Nell so viele Katzen besaß, die jetzt auch gleich Jagd machten und dem bereits lange währenden ungestörten Mietverhältnis ein plötzliches Ende bereiteten.

In der Kiste gab es mehr als genug Spuren der Mäusefamilie, doch abgesehen von Mäusen und einigen Spinnen war die Kiste eine Schatztruhe. Sie enthielt einige schöne alte Spitzentücher und Kerzenhalter aus Messing. Als wir die Tücher ausschüttelten, stellten wir fest, daß sie riesige Löcher aufwiesen, was Nell aber nicht weiter kümmerte, und sie wählte die beiden schönsten als Altartücher aus.

Unter ihrem Küchentisch brüteten zwei Hennen. Nell entschloß sich aber, diese nicht zu stören. War der Tisch erst mit den zwei weißen Tüchern bedeckt, konnte man sie sowieso nicht mehr sehen. Obwohl die Tücher, nach den vielen Jahren in der Holztruhe, nicht mehr strahlend weiß waren, empfanden wir sie als makellos, und wir verwendeten auch die Kerzenhalter, ohne sie auf Hochglanz zu polieren.

Am Morgen der Messe kam ich vor den Priestern an und mußte feststellen, daß Nell kein Feuer gemacht hatte: Sie lehnte es ab, es anzuzünden, weil die Vögel ein so frühes Feuer nicht gewöhnt waren und Nell sie nicht stören wollte. Gegen solche Gründe konnte man nicht ankommen: Die Priester würden nur für einen Morgen da sein, die Vögel aber für immer.

Der Gemeindepriester, ein freundlicher, weiser alter Herr, setzte sich neben den feuerlos gebliebenen Kamin auf den Stuhl, von dem er zuvor einige von Nells Katzen vertrieben hatte. Der Kurat, Bruder Kelly, kannte Nell und hegte eine gute Beziehung zu ihr: Er stimmte allem, was sie sagte, zu.

Als er seinen Altar vorbereitete, betete ich, daß die Hennen an Ort und Stelle bleiben und er sich nicht zu nahe an den Tisch stellen würde, da eine äußerst bösartig war und den Kopf hervorstrecken könnte, um ihn zu picken.

Es war ein friedlicher, sonniger Morgen, die Hunde lagen schlafend auf dem Boden und die Katzen zusammengerollt in der Sonne auf der Stufe vor der Haustür. Das Gezwitscher der Vögel in ihren Nestern auf dem Strohdach und der Vogelgesang aus den Sträuchern und Bäumen, die wild und ungezähmt bis an die Haustür heranwuchsen, bildeten einen himmlischen Chor. Über allem lächelte an diesem Morgen Gott. Es war eine wunderschöne Messe, und ich bemerkte eine Träne auf dem Gesicht des alten Priesters.

Plötzlich, mitten im letzten Segen, erfolgte ein besonders heftiger Aufschrei des Kurat: »Christus!« Der alte Priester nickte gütig, ich aber wußte, daß die brütende Henne zugeschlagen hatte, als ich ihren Kopf wieder hinter den Falten des Altartuches verschwinden sah.

Nach der Messe mußten wir dem Problem der Zubereitung des Frühstücks ins Auge sehen. Um Wasser kochen zu können, mußte Feuer gemacht werden, doch das Anzünden war eine Tortur. Unter dem Kamin befand sich eine Öffnung, damit Zugluft entstand, und daneben lag ein Blasebalg, um das Feuer anzufachen. Das Problem war, daß diese Abzugsöffnung voller Asche war, die man eigentlich regelmäßig entfernen mußte, Nell aber reinigte den Kamin überhaupt nie.

Bruder Kelly entschloß sich, dieses Problem anzugehen. Er zündete Zeitungspapier an und schob es unter Nells schwarzen Torf. Das Papier flackerte schwach auf, und um das Feuer anzufachen, kniete der Kurat nieder und pustete. Leider hatte Tim Joe in genau diesem Moment den Blasebalg ergriffen und ließ einen Ascheregen auf das Haupt des knieenden Kuraten niedergehen.

Nell, die mit dem Gemeindepriester plauderte – oder vielmehr ihn anschrie –, löste das ganze Problem innerhalb von zwei Sekunden, indem sie Paraffin übers Feuer goß und es so zum Lodern brachte. In kürzester

Zeit kochte das Wasser im Kessel, und Nell machte Tee, stark wie Porter. Wir kochten Eier in einem schwarzen Blechtopf über dem offenen Feuer, das nun rot glühte und damit ideal zum Toasten des Brotes war. Endlich setzten wir uns zu fünft hin und frühstückten wie alte Kameraden miteinander. Währenddessen beschlossen die brütenden Hennen, daß es Zeit sei, die Hühnerbeine zu strecken, und liefen durch die Tür hinaus, wobei sie auf dem Weg ihre Spuren hinterließen. Als Bruder Kelly sie sah, huschte ein Blick des Verstehens über sein Gesicht, und er lächelte amüsiert. Vielleicht hatte er bis dahin geglaubt, daß alles andere als göttliche Mächte unter Nells Altar walteten.

Nach dem Frühstück entspannten wir uns in der sonnigen Küche. Nell zog sich auf ihren Lieblingsstuhl am Feuer zurück, und einige Minuten später vernahmen wir lautes Schnarchen. Die Priester verstanden den Wink: Für sie war es Zeit zu gehen. Nell war keinen Besuch gewöhnt und hatte für diesen Tag genug.

Ich begleitete die Priester ans Tor. Der Gemeindepriester legte mir seine Hand auf den Kopf und sprach: »Kleines Mädchen, Gott ist an den merkwürdigsten Orten zu finden. Versuche, diesen Morgen nie zu vergessen.« Was ich auch nie tat.

Die Tiere auf der Farm

Mit dem Frühling kam auf dem Bauernhof auch neues Leben zur Welt. Nach Weihnachten, dem Fest der Geburt des Jesuskindes, waren die Kälber die ersten, die im Tierreich ankamen. Wir hatten den trächtigen Kühen zugesehen, wie sie täglich schwerfälliger durch den Wintermatsch trampelten; manchmal konnte ich tatsächlich den Beginn dieser Saga miterleben: den Zeugungsakt zwischen Bulle und Kuh.

Nachts wurden die Kühe in den warmen Ställen, gebettet auf gelbem Stroh, angebunden, und mein Vater entzündete jeden Abend vor dem Schlafengehen die Sturmlampe, um nach ihnen zu sehen. Die Laterne war mit Öl gefüllt, hatte einen Docht, den eine Glaskugel vor der Witterung schützte, und hing an einem langen Stiel, damit sie bequem mit der Hand getragen werden konnte. Beim nächtlichen Kontrollieren der Kühe mußte mein Vater beurteilen können, ob eine von ihnen noch in der Nacht kalben würde. Er benötigte etwas gynäkologisches Wissen, da eine unbeaufsichtigte Kuh Probleme haben könnte und wir vielleicht am nächsten Morgen ein totes Kalb vorfinden würden. Viele Nächte ging er in den kalten Winter hinaus, um nach ihnen zu sehen.

Ich liebte es, die Geburt der Kälber zu beobachten, obgleich ich es haßte, die Kühe vor Schmerzen stöhnen zu hören. Doch wie alle Mütter erholten sie sich rasch, sobald die Geburt überstanden war. Das neugeborene Kalb wurde der Mutter unter den Kopf gelegt, und sie leckte es trocken. Bald stand es, noch wackelig, auf seinen spindeldürren Beinen. Es wurde hochgehoben und in den Kälberstall getragen, wo es einen eigenen Platz bekam. Die Kuh wurde mit warmer Kleie gefüttert, danach gemolken und die Muttermilch dem Kalb gegeben. Zu diesem Zeitpunkt war es noch nicht ganz sicher, wie es zu trinken hatte, so daß man ihm die in Milch getauchten Finger ins Maul schob, woraufhin es zu saugen begann. Die Kuh sah ihr Kalb nie wieder, was mir grausam vorkam, obwohl es die Kuh nicht weiter zu kümmern schien.

Die Kälber wurden während des kalten Wetters im Stall gehalten, wo sie morgens und abends mit Eimern voll warmer Kuhmilch gefüttert wurden. Eines der ersten Anzeichen des Sommers war, wenn die Kälber rausgelassen wurden. Da sie aber an ein eingeschränktes Leben im Stall gewöhnt waren, mußte man ihnen lange sanft zusprechen, um sie ins helle Sonnenlicht hinauszulocken. Wenn wir sie auf dem ausgetretenen Pfad zu einer großen, grünen Wiese brachten, trauten sie ihren Augen nicht: Sie spreizten die Beine und reckten die Nasen vor, weil sie erwarteten, auf eine Absperrung zu treffen. Dann machten sie einige Schritte und hoben wieder prüfend ihre Nasen. Dies wiederholten sie mehrmals, bis ihnen langsam dämmerte, daß es keinerlei Schranken mehr gab: Das war die Freiheit. Dann stoben sie davon, ihre Schwänze peitschten durch die Luft, und sie galoppierten wie toll über die Wiese.

Jeden Abend wurden sie zur Fütterung auf den Hof zurückgebracht. Sie tranken aus einem gemeinsamen Trog und mußten dabei scharf überwacht werden, da sie sonst zu viel tranken. Wie viele andere Teenager mußten auch sie erst lernen, im richtigen Moment die Bremse anzuziehen.

Eines Abends überwachte ich das Trinken, als ein starker, weißköpfiger Bulle seinen Kopf nicht aus dem Trog nehmen wollte, trotz all meiner Anstrengungen. Später, während die Kühe gemolken wurden, hörten wir ein tieftönendes Schmerzensgebrüll vom Pfad, der zu den Feldern führte. Mein störrischer Weißkopf lag hingestreckt auf dem Boden, der Bauch war aufgebläht, die Zunge hing heraus, und die Augen waren verdreht.

Nun war schnelles Handeln gefordert. Mein Vater zückte sein Taschenmesser und durchbohrte den Bauch an der richtigen Stelle. Dieser begann gleich zu schrumpfen, so als ob einem Ballon die Luft entweicht, und innerhalb weniger Minuten stand mein Weißkopf wieder auf seinen Beinen. Er wäre beinahe verendet, seine Genesung war für mich, als sei er Lazarus, der von den Toten auferstanden war. Mein Vater nahm in meinen Augen eine neue Dimension an.

Als die Kälber größer wurden, mußten sie nicht mehr zur Fütterung auf den Hof gebracht werden, weil sie nun in der Lage waren, sich selbst ausreichend mit Gras zu versorgen. Sie wurden auf die von uns »Zoll«

genannten Wiesen entlang des Flusses gelassen, wo sie zu kräftigem Jungvieh heranwuchsen. In der Winterzeit, wenn das Gras nur spärlich wuchs, wurde ihnen Heu gebracht. Fiel jedoch Schnee, mußten wir sie zu ihrem Schutz in die Ställe zurückbringen. Es wirkte seltsam, daß die Kälber, die noch vor wenigen Monaten Angst vor offenen Räumen hatten, sich nunmehr vor den beengenden Ställen fürchteten.

Wenn der Frühling kam, waren die Misthaufen vor den Kuh-, Pferde- und Schweineställen über den Winter zu riesigen Bergen angewachsen. Mit Pferd und Karre wurde der Dung auf die Felder befördert, in Haufen abgekippt und verteilt, damit das Gras stärker wuchs. Es war der einzige Dünger, der für die Wiesen und den Anbau von Kartoffeln, Steckrüben, Runkelrüben und Kohl benutzt wurde. Das Land, das im Winter oder Vorfrühling gepflügt worden war, wurde nun geeggt, und für die Aussaat wurden Furchen gezogen.

Das Kartoffelsetzen war Schwerstarbeit. Zuerst suchte mein Vater die geeigneten Kartoffeln heraus und schnitt sie in Stücke, wovon jedes ein Auge besitzen mußte, aus dem später das neue Wachstum keimen würde. Am Tag der Aussaat bekam jeder einen Eimer mit diesen Stücken (die Kleinsten erhielten eine Gallone), und das Setzen begann an einem Ende des Akkers. Die Furchen erstreckten sich über die gesamte Länge des ein bis zwei Hektar großen Feldes, und schaute man zu weit voraus, konnte es geschehen, daß sich die mentale Mauer der Langstreckenläufer aufbaute. Mick, ein lebenslustiger Mann, der auf unserer Farm arbeitete, verkürzte uns manche lange Saatreihe mit seinen Geschichten. Sein Ratschlag für diese und viele andere Lebenslagen war: »Halt den Kopf unten, den Arsch in den Wind und mach weiter.«

Hatten wir Regenwetter, so war die Erde naß und kalt und haftete an unseren Stiefeln, Knien und Händen. Um Kartoffeln zu setzen, knieten wir uns auf die Erde, wobei die Knie mit Jutesäcken umwickelt und mittels einer Schnur festgebunden waren. Mit dem Fortschreiten des Tages wurden wir vom Schlamm nach unten gezogen, der in Brocken an Stiefeln und Knien klebte, und um das Unbehagen noch zu steigern, wurden die Hände kälter und kälter, während unsere Nasen so froststarr waren, daß Eiszapfen daran hängen konnten.

Wenn wir alle gleichzeitig der Arbeit überdrüssig wurden, was gegen Abend vorkommen konnte, setzten wir uns nieder, und Mick sang ein Lied. Wir lernten viele Lieder während des Kartoffelsetzens, und es wurden oft selbst erdachte und andere Geschichten erzählt. Sehr gut konnten wir die Geschichte vom Gobán Saor, eine alte irische Legende, verstehen.

Gobán Saor herrschte über ein großes Königreich, das er dem klügsten seiner drei Söhne hinterlassen wollte. Eines Tages nahm er den ältesten Sohn auf eine lange Reise mit, und nachdem sie einige Zeit gewandert waren, sprach er: »Sohn, verkürze mir den Weg.«

Der Sohn wußte überhaupt nicht, wie er dem Vater helfen konnte, und so kehrten sie nach Hause zurück. Am folgenden Tag nahm der Gobán Saor seinen zweiten Sohn mit, und dasselbe geschah. Am dritten Tag wurde er von seinem jüngsten Sohn begleitet, und nachdem sie einen Teil der Strecke zurückgelegt hatten, bat er wieder: »Sohn, verkürze mir den Weg.«

Sogleich begann der jüngste Sohn seinem Vater eine lange, spannende Geschichte zu erzählen, und sie wurden von der Erzählung so in Anspruch genommen, daß sie die Länge der Reise nicht wahrnahmen.

Für uns war Mick der jüngste Sohn des Gobán Saor.

Waren die Kartoffeln gesetzt, wurden sie mit der dunkelbraunen Erde zugedeckt, und obwohl wir während der Arbeit gelitten hatten, stellte sich an dem Tag, als die letzte Furche gefüllt war, große Genugtuung ein. Die Furchen erstreckten sich bis weit in die Ferne und hielten ihr heimliches Wachstum verborgen. Wir kannten jeden Zentimeter dieser Erde mit ihren versteckten Steinen, die starke Schmerzen verursachen konnten, wenn man mit der empfindlichen Kniescheibe darauf stieß. Es ist schwer, der Erde noch näher zu kommen, als wir es waren.

Wir bauten auch unseren eigenen Weizen sowie Gerste und Hafer an. Nachdem die Äcker gepflügt und geeggt waren, wurde das Saatgut mit Hilfe des Korndrills ausgesät. Die Drillmaschine besaß einen langen Holzkasten mit einem Klappdeckel, in den Säcke mit der Saat geleert wurden. Unterhalb des Gehäuses befanden sich lange, dünne Rohre, durch welche die Saat in regelmäßigen Reihen in die Erde fiel, wenn das Pferd den Korndrill übers Feld zog.

Wenn alles gesät war, lag es in den Händen der Natur, das Wachstum zu ermöglichen, und es war wunderbar zu sehen, wie die Erde das in sie gesetzte Vertrauen erfüllte und alles hellgrün hervorsproß. Im Frühling erwacht das Land aus seinem Winterschlaf. Das Gras sprießt, die Knospen an den Bäumen öffnen sich, und die ganze Landschaft entledigt sich ihres abgetragenen Mantels. Die Vögel beginnen wieder zu singen und überbringen allen die Kunde, daß der Winter vorbei ist.

Der Frühling brachte auch die kleinen Lämmer. Wenn etwas das Schild »Geschlossen« an der Tür des Winters anbringt, so ist es das Erscheinen der lebhaften, auf den Wiesen herumtollenden Lämmer.

Manchmal kam es vor, daß sich ein Schaf nicht zur Mutterschaft eignete und das neugeborene Lamm in einer Kiste beim Küchenfeuer mit der Flasche aufgezogen werden mußte. Ich hatte einmal ein solches Lamm und nannte es Sam. Es wurde liebevoll betreut und war im Frühsommer herangewachsen zu einem großen Gefährten, fähig, mir überallhin zu folgen. An einem Tag, während ich vorgebeugt im Garten spielte, kam er von hinten und versetzte mir mit dem Kopf einen Stoß. Ich war höchst aufgebracht über seine Undankbarkeit, doch war es das Zeichen, daß Sam bereit war, zur Herde zurückzukehren. Seine Tage als Haustier waren vorüber, und das ließ er mich unmißverständlich wissen.

Beim Geflügel erstreckte sich der Fortpflanzungszyklus über die Sommermonate. Um Küken zu bekommen, mußte eine Henne den Drang spüren, zu brüten, denn nur das brachte sie dazu, für drei Wochen auf einem Nest mit Eiern sitzen zu bleiben. Wir besaßen ein altes Steinhaus, das am Rand des Hofes stand, und darin saßen reihenweise brütende Hennen würdevoll in ihren Brutkästen. Sie mußten täglich gefüttert und mit Wasser versorgt werden, da sie sich weigerten, das Nest zu verlassen. Am Ende der drei Wochen hackten sich die Küken ihren Weg aus der Schale und kamen zum Vorschein, zart und schön. Das Mutterhuhn, auch Glucke genannt, sah nach ihren Küken mit liebender Sorgfalt und spazierte, stolz ihre Brut anführend, im Hof herum. Manchmal kam es auch vor, daß eine Henne ihre Eier in einem abgelegenen Winkel ausbrütete, ohne daß jemand davon wußte, bis sie eines Tages mit den Küken auf den Hof marschierte, als wollte sie sagen: »Schaut her, bin ich nicht klug?«

Die Truthennen, Enten und Gänse brüteten auch ihre Eier aus, aber sie brauchten eine Woche länger. Die Gans machte ihr Nest lieber selbst und legte es innen mit weichen Daunen aus. Der Ganter seinerseits war ein sehr verantwortungsvoller Vater und bewachte seine Gänsefrau im Nest. Kam man zu nahe, schlug er mit seinen Flügeln und reckte seinen langen Hals, um zu beißen. Die jungen Gänslein waren flaumig und gelb wie Butter; die Gans und der Gänserich führten sie täglich ans Wasser, wo sie alle badeten und glücklich herumschwammen. Die Truthähne und die Hähne waren jedoch verantwortungslose Väter: Hatten sie erst einmal ihren Beitrag geleistet, verweigerten sie jegliche Verantwortung für die Folgen.

Die kleinen Truthühnchen mußten sorgfältig betreut werden, da sie etwas dümmlich waren und im Gegensatz zu Hühnerküken und Gänschen dazu neigten, verlorenzugehen. Die Gans war eine sehr gute Mutter, und ihr ausgeprägter Sinn für den Familienzusammenhalt half ihr dabei. Das normale Haushuhn war zwar nur das Haupt einer Familie mit einem Elternteil, doch waren seine Mutterinstinkte phantastisch. Die Truthenne dagegen besaß keine der beiden Eigenschaften. Sie blieb lieber für sich und kümmerte sich nicht sehr um das Wohlergehen ihrer Jungen. Deshalb benötigte sie ein gutes soziales Fürsorgesystem, auf das sie sich verlassen konnte. Selbstverständlich nahmen wir diese Aufgabe wahr. In meinen frühen Kindheitstagen mußte ich schon auf die Truthühner aufpassen. Wenn sie auf einer Wiese freigelassen wurden, was ihnen angeblich guttun sollte, war ich die Sozialarbeiterin, die darauf achtete, daß sich keines von den Küken der Truthenne verirrte. Und dabei gab es für sie unzählige Möglichkeiten, etwas Falsches zu tun. Wenn sie auf den Rükken purzelten, konnten sie nicht alleine wieder auf die Füße kommen. Sie konnten ohne Orientierungssinn im langen Gras umherstreifen und dabei völlig verlorengehen, ohne daß sich ihre Mutter darum kümmerte, das klagende »Put, put« zu beantworten.

Ich mochte diese Arbeit, denn sie war angenehm und erforderte keine große Konzentration, so daß ich ein Buch mitnehmen konnte. An einem sonnigen Tag im warmen Gras zu sitzen und zu lesen, war eine vergnügliche Art, die Zeit zu verbringen, obgleich ich gelegentlich vergaß, wozu ich eigentlich da war und dann wilde Jagd auf die über die ganze Wiese verstreuten, verlorengegangenen Truthühnchen machen mußte.

Ein alltäglicher Feind allen jungen Geflügels war der Habicht. Er kreiste am Himmel, beobachtete und konnte in einem plötzlichen Sturzflug auf die Küken niederstürzen, um sich darauf mit der Beute in seinen Krallen emporzuschwingen. Er war zielsicher und tödlich.

Die alten Hühner kannten seine Absichten, und sahen sie ihn kreisen, ließen sie ein lautes Gackern erklingen, um uns auf die Gefahr hinzuweisen. Wir rannten immer zu ihrer Rettung herbei und klatschten mit den Händen, um den Habicht zu verscheuchen. Manchmal brauchte es dazu sogar das Gewehr meines Vaters.

Als ich noch sehr klein war, fürchtete ich den Habicht, da ich mir ausmalte, wie er mich mit seinen furchtbaren Krallen fing und himmelwärts davonriß.

Der Hof war eine Symphonie aus Farben und Klängen. Die Hühner waren mehrfarbig, denn wir besaßen verschiedene Rassen: Rhode Island Reds, das schwarze Minorca-Huhn mit dem goldenen Schnabel, das weiße Leghorn und die gekräuselten Sussex mit den zwei weißen Schürzen, die ihr das Aussehen einer Oberschwester gaben. Hatten sie ihre Eier gelegt, dachten sie nicht mehr daran, ihr Licht unter den Scheffel zu stellen. Sie kamen aus dem Hühnerstall heraus und gaben ein hohes Gackern von sich, das jedem von ihrer guten Tat an diesem Tag erzählte. Die schwarzen Truthühner gaben einen unaufhörlichen Ton von sich, der ans Jodeln erinnerte, während das graue Perlhuhn ein einziges hohes, glucksendes Geräusch produzierte. Wir hatten zudem braune Ringelmoorenten und die zartbrüstigen, üppigen weißen Enten mit ihrem steten »Quack, quack«. Die Gänse blieben selten auf dem Hof, da sie die freien Felder und die Wasserwege bevorzugten. Abends aber kehrten sie zu ihrem eigenen Haus zurück. Wären sie draußen geblieben, hätte der Fuchs jede Nacht ein Weihnachtsessen gehabt.

Selten fand ein Kampf zwischen den verschiedenen Familien auf dem Hof statt, da alle ihre eigenen Wege gingen. Falls aber doch gekämpft wurde, dann zwischen Sau und Gänserich. Die Sau war dem Gedanken nicht abgeneigt, daß ein zartes, gelbes Gänschen ein schmackhaftes Mahl abgebe, doch bevor sie ihre bösen Gedanken in die Tat umsetzen konnte, ging der Gänserich mit ausgestreckten Flügeln auf die Sau los und zielte mit seinem scharfen Schnabel auf ihre empfindliche Schnauze und die Augen, so daß sie laut quiekend in die Gegenrichtung flüchtete.

Das meiste neue Leben auf der Farm kam im Frühling und Frühsommer, und beinahe alle Geburten fügten sich in den normalen Tagesablauf ein. Die Sau jedoch war an keinen Kalendermonat gebunden, und die Ankunft ihrer Ferkel störte den alltäglichen Betrieb. Sie war die Mutter, die rund um die Uhr Überwachung erforderte, da sie durchaus in der Lage war, sich auf eines ihrer kleinen Ferkel zu legen und es tot zu drücken. Das klingt, als wäre die Muttersau ein Ungeheuer, aber wie viele Mütter wären zwanzig Babys auf einmal gewachsen? Dies war genug, auch die stärksten Mutterinstinkte zu strapazieren.

Das Huhn war das einzige andere Tier, das einem zahlenmäßigen Vergleich der Nachkommenschaft standhalten konnte, obwohl es nur rund ein Dutzend Küken ausbrütete. Dazu kam, daß das Huhn während der Brutzeit drei Wochen lang behaglich auf den Eiern sitzen konnte, während die arme alte Sau die Qual der Geburtswehen und die mühselige Arbeit des Gebärens hatte, die mit zwanzig quiekenden Ferkeln endete, die an der Brust genährt sein wollten. Dies war schwere Arbeit, und daher war es nicht verwunderlich, daß sie sich manchmal am liebsten auf die Ferkel gelegt hätte.

Wenn die Geburt der Ferkel kurz bevorstand, begann die Sau, sich ein Lager dort herzurichten, wo immer sie sich gerade befand. Sie wurde in einen kleinen Stall mit viel Stroh oder Heu gebracht, fing an, mit dem Maul das Stroh, das sie mit den Klauen rauszog, zu zerkleinern und arbeitete an ihrem Bett, bis alles zurecht gemacht und ihr Nestinstinkt befriedigt war. Schließlich ließ sie sich nieder und begann mit der eigentlichen Tätigkeit dieses Tages.

Der Wurf konnte zwölf bis zwanzig niedliche, rosa Ferkel umfassen, und falls es mehr waren, als die Sau versorgen konnte, mußten diese mit der Flasche aufgezogen werden. Zur Fütterungszeit grunzte die Sau in einem lauten, regelmäßigen Rhythmus, und alle ihre Kleinen verstanden diese Mitteilung auf Anhieb. Zwischen den Fütterungen lagen sie zusammengekuschelt an der Mutter. Erhob sich die Sau und wurde zum Auslauf hinausgelassen, oder streckte sie auch nur die Beine, mußte sie überwacht werden, da sie nie darauf achtete, wo sich ihre Ferkel befanden, wenn sie zurückkam und sich niederließ. Sie plumpste einfach auf den Boden, und wenn sich die Ferkel an der falschen Stelle befanden, legte sie sich auf sie und tötete sie dadurch. Gerechterweise muß aber gesagt werden, daß es der Sau selbst mit den besten Absichten der Welt nicht möglich war, ihren großen Wurf davon abzuhalten, unter ihre Beine zu geraten. Wir mußten deshalb eingreifen und brachten mit einem Besen die Ferkel rasch in Sicherheit.

Die Ferkel lernten schnell, und nach einigen Tagen konnten sie auf sich selbst aufpassen, aber während sie noch sehr klein waren, mußte jemand über Nacht aufbleiben und sich um sie kümmern.

Das erste Mal, als mir erlaubt wurde, mit einer älteren Schwester aufzubleiben, um die Ferkel im Auge zu behalten, war eine Freitagnacht, da wir am Samstag keine Schule hatten. Ich freute mich, weil ich neugierig war und wissen wollte, wie es sein mochte, eine Nacht aufzubleiben.

Zu der Zeit hatten wir eine große, offene Feuerstelle in der Küche, die wir extra für diese Nacht mit Torf aufhäuften. Die Sau mußte in regelmäßigen Abständen kontrolliert werden, so daß wir, abgesehen davon, viel Zeit für uns hatten. Wir spielten Karten und backten einen Apfelkuchen. Um etwa zwei Uhr nachts setzte ich mich auf das alte Sofa in der Nähe des lodernden Feuers und muß wohl eingenickt sein, da es bereits vier Uhr morgens war, als ich die Uhr das nächste Mal schlagen hörte.

Es war Hochsommer, und die Morgendämmerung brach an, als ich in den Garten hinausging. Er war in ein helles, rosafarbenes Licht getaucht, und über dem Flußtal lag ein zarter Schleier. Ich war wie gefesselt von der vollkommenen Schönheit dieses Morgens und dem Vogelgesang, der in voller Lautstärke aus den Bäumen drang, die ums Haus herumstanden. Es war einer dieser seltenen, vollendeten Augenblicke, die sich für immer ins Gedächtnis einprägen.

Ein Frühlingshauch

Heute kam der Frühling
Und wanderte mit mir
Den Hügel hoch.
Er verlieh der Luft Milde
Öffnete Schleusen in meinem Kopf.
Die Vögel spürten seine Gegenwart
Und tirilierten Symphonien
Eines offenen Willkommens.
Es war Mitte Januar
Und er kam nur vorbei
Mit verstohlenem Blick.
Hinter sich her zog er
Das Tal entlang
Purpurfarbene Schleier.

Für immer jung

Wir Kinder liebten Bill. Obwohl er zur Generation unseres Vaters gehörte, hatte er die Tür zur Kindheit nicht hinter sich geschlossen, und das wußten wir instinktiv. Er sprach nicht von oben herab, sondern begegnete uns wie seinesgleichen. Er lebte auf dem Kamm des Hügels neben unserem Haus. Einen Teil des Hügels nahm ein uraltes Fort ein, zu dessen Füßen eine Zauberquelle sprudelte. Damals gab es in den Farmhäusern noch kein fließendes Wasser, und das Trinkwasser mußte mit Eimern von der örtlichen Quelle geholt werden. Jede Nacht brachte Bill einen Eimer zu unserem Haus. So regelmäßig kam dieser Eimer, daß wir beim Berechnen unseres Frischwasserbedarfs automatisch Bills Beitrag einkalkulierten.

Wenn er nach dem Abendessen zu uns kam, war es seine erste Aufgabe, uns zu unterrichten. Seine Geduld war unerschöpflich. Mathematik, Religion und Irisch unterrichtete er sorgfältig, doch Englisch war sein Lieblingsfach. Er las ungeheuer viel, und das Lesen hatte Vorrang vor allen anderen Tätigkeiten in seinem Leben. Ich erinnere mich an einen sonnigen Tag, als ich ihn auf einer Bank aus Gras sitzen sah, wo er Shakespeare las, während alle anderen Farmer in der Gegend mit der Heuernte beschäftigt waren.

Mein Vater verzweifelte oft über Bills Arbeitsweise und drängte ihn dauernd, die Landwirtschaft wirksamer zu betreiben. Zu der Zeit hatte die künstliche Befruchtung noch nicht Einzug in die Welt der Rinder gehalten, und einige Farmer hielten einen Bullen, um den nötigen Service bieten zu können. So nutzte Bill unseren für seine Kühe.

An einem Sommermorgen traf ihn mein Vater. Bill kam über eines unserer Felder, einen Strick hinter sich herschleifend, während er meinem Vater erzählte, er bringe eine Kuh zu unserem Bullen. Als mein Vater fragte, wo denn die Kuh sei, drehte sich Bill um und entdeckte, daß sich am Ende seines Stricks nichts mehr befand! Seine Gedanken hatten zweifellos weniger weltlichen Dingen gegolten.

Bill besaß einen gemauerten Kuhstall mit einem Strohdach, das über die Jahre durch Sonne und Regen brüchig geworden war und eine cremig-weiße Färbung angenommen hatte. Die Kühe hatten sich ihre eigenen Fenster geschaffen, indem sie ihre Köpfe durch das Stroh stießen, und die Melkzeit bot einen vergnüglichen Anblick mit all den Kühen, die durch das niedrige Dach herausschauten, zufrieden wiederkäuten und über den Hof blickten. Der war immer fleckenlos sauber, obwohl ein Teil aufgrund von fehlender Nutzung von weichem, grünem Moos bedeckt war. Die Holztore waren verwittert und von beinahe grauweißer Glätte, die sich unter den Händen seidigweich anfühlten. Ein alter, grauer Esel vervollständigte die friedliche Szene.

Als Kind war dies meine Zufluchtsstätte. Als Jüngste in einem großen, lärmenden Haushalt bot dieser Hügelkamm oft einen willkommenen Rückzugsort, wenn meine älteren Schwestern nicht mehr zu ertragen waren. Hier war keiner, der befahl, mich schikanierte oder mehr antrieb, als mir lieb war. Bill und seine beiden Schwestern hatten alle Zeit der Welt und freuten sich, mich zu sehen.

Doch Bills Schwestern waren der Fluch seines Lebens. Sie führten das Haus mit der Tüchtigkeit eines Uhrwerks und erwarteten von ihm, die Farm in gleicher Weise zu betreiben. Obwohl sie alle drei derselben Familie entstammten, war Bill völlig anders geartet als seine Schwestern. Er dachte nie daran, heute etwas zu erledigen, wenn er es auf den nächsten Tag verschieben konnte. Sie aber verfolgten ihn hartnäckig, um sicherzugehen, daß nichts auf die lange Bank geschoben wurde. Er dachte sich viele Verfahren aus, um sie zu überlisten, damit er das Lesen in Ruhe genießen konnte.

Am anderen Ende des Hofes lag Bills Heuschober. Auf der dem Haus abgewandten Seite hatte er mit der Sense ein großes Loch geschnitten, und die Tatsache, daß es auf der Sonnenseite lag, verlieh ihm einen zusätzlichen Pluspunkt.

An diesem sonnigen Platz saß Bill, vergaß vollständig die Welt um sich herum und befand sich in Sicherheit vor seinen ihm nachstellenden Schwestern. Dies funktionierte für lange Zeit, bis sich eines Tages der Hund mit dem Ganter einen Kampf lieferte und sie sich gegenseitig um den Heuschober jagten. Schließlich wurde es dem Ganter taumelig, und er brach zusammen. Eine der Schwestern, die dem Kampf zugesehen hatte, kam angerannt, um den Zustand des Ganters zu untersuchen. Bill, der den Kampf ebenfalls und mit ausgelassenem Vergnügen beobachtet hatte, lachte schallend. Seine Schwester spürte dem Gehör nach Bills Rückzugswinkel auf, wo all seine Bücher für sich sprachen. Damit hatte der Schlupfwinkel ausgedient.

Bill lebte naturverbunden, und wenn der Sommer sehr warm war, schwamm er nackt in unserem Fluß an einer Stelle, die sauber, frisch und voller Bachforellen war. Dieser sanfte Riese von einem Mann – er hatte eine prachtvolle Gestalt und war über 1,80 Meter groß – tauchte von den Klippen in den Fluß und schwamm wie ein riesiger Fisch. Ich fand seine Knie sehr eindrucksvoll: Männerknie waren damals im ländlichen Irland selten zu sehen, denn kurze Hosen waren eine unbekannte Bekleidungsart. Andere intimere Details seiner Gestalt lösten nicht dasselbe Interesse bei mir aus, da die männlichen Geschlechtsorgane Bestandteil der tierischen Fortpflanzung waren und somit zum täglichen Leben auf der Farm gehörten.

Da während der langen Sommerferien die lästigen Schulaufgaben entfielen, beteiligte sich Bill an unseren Spielen. Eines davon war das Ladenspiel. Wir nagelten rohe Bretter zwischen die Bäume im Gehölz, um unsere Waren auszustellen: leere Schachteln, gesammelt in der Küche und von den Nachbarn, die wir auf den Regalen anordneten. Zudem errichteten wir vorne eine behelfsmäßige Theke. Hier handelten wir stundenlang, benutzten als Zahlungsmittel die aus dem nahegelegenen Bach gesammelten Kieselsteine, und der Preis jedes Gegenstands war, obwohl der Wechselkurs kein Problem darstellte, langen und komplizierten Verhandlungen unterworfen. Es war Aufgabe des Ladenbesitzers, die Waren mit überzeugenden Argumenten zu ihrem Wert zu verkaufen, und es lag im Geschick des Käufers, so billig wie möglich einzukaufen. Bill reihte sich immer bei den Kunden ein, wenn er nach dem Abendessen zu uns kam, und brachte neue, originelle Einwände vor, denen der Ladenbesitzer standzuhalten hatte. Alle wollten den Ladenbesitzer spielen, da wir dies für die Hauptrolle hielten, Bill aber wendete das Blatt zugunsten der Käufer.

In den Winterferien ersetzten Kartenspiel und Tanz die Hausaufgaben, und oft beteiligten sich andere Nachbarn, die uns besuchten, daran. Das Kartenspiel war der einzige Anlaß, bei dem Bill die Beherrschung verlieren konnte: Falls jemand betrog, senkte er seinen Kopf wie ein wütender Bulle, warf seine Karten auf den Tisch und stürmte zur Tür hinaus. Da er selbst immer ehrlich war, konnte er nicht die geringste Abweichung vom geraden und engen Weg der Gerechtigkeit dulden. Das Tanzen jedoch warf keine Probleme auf. Wir stellten uns alle um den Küchentisch, während jemand das alte Grammophon aufzog, und dann hüpften wir, zwischen sieben und siebzig Jahren alt, auf dem Steinboden herum. Wir tanzten in Gruppen oder paarweise, mit mehr Schwung als Geschick, so lange, bis alle erschöpft waren und auf den Strohstühlen zusammenbrachen, die wir zuvor an die Wand geschoben hatten. Dann setzte meine Mutter den Wasserkessel aufs Feuer, und wenn wir wieder zu Atem gekommen waren und uns beruhigt hatten, versammelten wir uns um den Kamin zu einer Tasse Kakao.

Bill und mein Vater hatten zusammen die Schule besucht und waren ein Leben lang Freunde. Sie verstanden sich blind, obwohl sie grundverschiedene Menschen waren. Für Bill war meine Mutter eine willkommene Bereicherung in seinem Leben, und er liebte uns alle bedingungslos. Mit Bill besaßen wir eigentlich drei Eltern, und er war ein Gewinn in unserem Leben, den wir für selbstverständlich hielten. Als er unerwartet starb, bedeutete dies ein großes Unglück für uns.

Er starb zu Hause, und die Totenwache nahm den damals üblichen Verlauf: Alle Nachbarn kamen zusammen, um ihre Hilfe und Unterstützung anzubieten. Aus irgendeinem Grund blieb ich jedoch dem Haus fern. Am Tag der Beerdigung ging ich auf das höchstgelegene Feld unserer Farm, überblickte Bills Anwesen und beobachtete, wie der Leichenwagen das Haus verließ. Ich versuchte, mit der Vorstellung einer Welt ohne Bill zurechtzukommen.

Nach der Beerdigung kam eine der Schwestern zu uns und fragte meine Mutter, ob eines von uns Kindern für eine Weile bei ihnen bleiben könnte. Es waren Osterferien, so daß wir alle zu Hause waren. Es eilte nicht besonders, der Einladung nachzukommen, aber für mich hatte die Vorstellung, ihnen den Verlust von Bill lindern zu können, etwas ungewohnt Anziehendes. So nahm ich den Schlafanzug unter die Arme und zog glücklich los, über die Felder zurück zu Bills Haus. Bei der Feenquelle angelangt, legte ich mich davor auf einen großen, moosigen Stein und starrte in die dunkelgrüne Tiefe. Dann rannte ich den steilen Hügel hoch und ließ mich an allen Ruheplätzen, die Bill sich während seines Lebens geschaffen hatte, nieder.

Ich kann mich nicht mehr erinnern, wie lange ich bei den Schwestern blieb, aber es war eine völlig neue Erfahrung. Hier lief das Leben in einer genau bestimmten Gangart. Das Wasser, das in die Kessel gefüllt wurde, wurde abgemessen, die Anzahl der Brotscheiben zum Tee berechnet. Nichts wurde dem Zufall überlassen, alles war geregelt und geordnet. Eine der Schwestern saß im Rollstuhl, und von dort aus führte sie das Haus bis ins letzte Detail. Für mich war es faszinierend, weil es in völligem Gegensatz zu unserem Haushalt stand.

Dennoch hatte sich nicht alles verändert. Ich wanderte im grauen Steinhof herum, ging in den mit weißem Stroh gedeckten Kuhstall und fuhr mit den Händen auf dem seidenen Holz der verwitterten Tore entlang. Hier war Dasein zeitlos. Unterhalb des Hauses zog sich ein schmaler Garten entlang, beschattet von überhängenden Bäumen und voll gelber Narzissen. Ich lag inmitten der gelben und grünen Reihen und starrte zum Himmel hoch durch die zarten, grünen Blätter. Ich sah Bill zwischen den Wolken herunterlächeln, was mich nicht sehr überraschte, da sich der Himmel gerade über ihnen befand und Bill gewiß dort war.

Die langschweifige Familie

Wir Kinder hingen sehr an unseren Tieren. Einige von ihnen waren älter als wir selbst und bildeten einen wesentlichen Teil unseres Lebens. Es waren nicht nur viele unserer Tiere auf dem Hof geboren worden und aufgewachsen, sondern desgleichen ihre Mütter und Großmütter, und viele von ihnen starben an Altersschwäche und wurden hier begraben.

Unser Begräbnisplatz lag im hintersten Teil des Obstgartens. Dort wurde auch unser kleines spanisches Pferd begraben, das selbst gemerkt hatte, daß seine Zeit gekommen war, sich hinlegte und starb. Alle unsere Freunde, Katzen und Hunde eingeschlossen, erhielten ein formelles Begräbnis, und manchmal kennzeichneten wir die Gräber mit einem kleinen Holzkreuz.

Die Pferde nahmen eine besondere Stellung auf unserem Hof ein. Wir besaßen einen rotbraunen Fuchs, Paddy genannt, eine große Stute namens Jerry und das Jennet. Es war das einzige seiner Gattung auf der Farm, ja sogar in der ganzen Gemeinde und wurde deshalb einfach Jennet gerufen. Es war ein sonderbares Tier, kleiner als ein Pferd, größer als ein Pony, und hatte das Gesicht eines Esels. Ich hörte einmal John Dillon im Radio über das Jennet sagen: »Es ist weder stolz auf seine Abstammung, noch kann es auf Nachkommen hoffen. Es ist, mit anderen Worten, ein hoffnungsloser

Fall.« Das war eine harte Äußerung, denn sie gab dem Jennet nichts, worauf es zurückblicken konnte, und noch viel weniger, worauf es sich freuen könnte. Wie auch immer, es schien unseren ungewöhnlichen Gefährten nicht zu kümmern: Schwarz, mit einem langen Schweif, schrie er wie ein Esel und trat wie ein Teufel. Kam man ihm zu nahe, konnte ihm durchaus in den Sinn kommen, mit seinen langen, gelben Zähnen zuzubeißen, um zu testen, ob man gut schmeckte. Eine seiner Arbeiten, die es jeden Tag verrichtete, war der Gang zur Molkerei; es konnte den Weg ins Dorf selbst finden und hielt entlang der Strecke bei den Häusern an, die mein Vater regelmäßig mit Milch belieferte. Es war ein Einzelgänger und verbrüderte sich nicht mit den Pferden oder dem Pony. Jedoch hatte das Jennet etwas, das zu seinen Gunsten sprach: Morgens, wenn mein Vater zum Gatter am Feldrand ging und pfiff, kam es bereitwillig. Nie mußte man es ein zweites Mal rufen oder ihm auf seinem Weg gut zureden.

Die Pferde mußte man dagegen fast jeden Morgen einfangen, und manchmal waren sie höchst widerwillig. Manche Menschen haben eine Abneigung dagegen, früh aufzustehen, um mit der täglichen Arbeit zu beginnen, und genauso geht es den Pferden, die sich nur sehr unwillig für den Arbeitsbeginn zusammentreiben lassen.

Meine älteste Schwester Frances war diejenige, die die Pferde am meisten liebte, und sie ging gewöhnlich früh am Morgen hinaus, um sie einzufangen. War sie nahe genug an Paddy herangekommen, hielt sie sich an seiner Mähne fest und schwang sich auf seinen Rükken zu einem Galopp.

Eines Morgens trug sie lose Holzschuhe, die während der Kriegsjahre eine modische Notwendigkeit waren. Als sie sich mit Paddy in Galopp gesetzt hatte, fielen die Holzschuhe unter seinen Bauch und erschreckten ihn. Er ging durch. Er raste wie ein geölter Blitz das Feld hinunter, aber die Anstrengung, im gleichen Tempo den steilen Hang zum Hof hinaufzujagen, ließ ihn langsamer werden. Er erreichte den Hofplatz schweißbedeckt, mit schäumendem Maul, und Frances hing an ihm wie ein Blutegel. Ihr hatte die Herausforderung, auf ihm sitzen zu bleiben, Spaß gemacht, während mir beim Zusehen das Herz bis an den Hals klopfte.

Von allen Tieren, die zum Hof gehörten und hier verendeten, rief Paddys Tod am meisten Bestürzung bei uns hervor. Er war älter als ich, ein erstklassiges Pferd. Unter den Tieren findet man genauso viele individuelle Unterschiede wie bei den Menschen: Es gibt die Gemeinen, Verschlagenen, Dummen, Intelligenten und Ehrlichen, genau wie bei uns. Paddy war die Krönung der Tierwelt. Er schlug weder aus, noch biß er, und er arbeitete hart. Er war ein ehrliches Tier.

Wenn Sie meinen, daß es so etwas wie ein unehrliches Tier nicht gibt, dann haben Sie nie etwas von einer diebischen Kuh gehört. Einige der Kühe halten immer Ausschau, um zu sehen, ob es nicht etwas Besseres auf der nächsten Wiese zu fressen gibt, und wenn es das gibt, heißt es, nichts wie rüber. Wir haben so viel gemeinsam mit den Kühen.

Wenn Pferde als Paare arbeiteten, gab es immer eines, das stärker zog und somit den Großteil der Arbeit verrichtete. Es gab auch das Pferd, das überhaupt keine schlechten Eigenschaften hatte und von seinem Besitzer geliebt und geachtet wurde. Paddy gehörte zu dieser Sorte.

Oberhalb unseres Hofes lag ein wilder Landstrich, bekannt als das Glen. Es war von Sträuchern bedeckt und felsig – die Pferde gingen selten dorthin. An einem Frühlingsmorgen jedoch, als mein Vater die Pferde von den Feldern heimbringen wollte, war Paddy nicht bei den andern. Nach langem Suchen wurde er in einer tiefen Mulde liegend im Glen gefunden. Das Herz meines Vaters muß stillgestanden haben, als er ihn entdeckte: Paddy versuchte aufzustehen, konnte es aber nicht.

Als die Nachricht unser Heim erreichte, waren wir erschüttert, und alle machten sich schnurstracks auf den Weg ins Glen. Dort lag er, unfähig, sich zu erheben, und wimmerte vor Kummer, daß er uns nicht nach Hause folgen konnte. An jenem Tag sah ich in der Schule anstelle der Wandtafel Paddy in der Mulde liegen. Ich war völlig abgelenkt, Stunde für Stunde, und erhielt oft Schläge, aber niedergeschlagen fühlte ich mich aus einem ganz anderen Grund. Die Zeiger der Uhr schleppten sich langsam auf die Drei zu.

Als ich nach Hause kam, erfuhr ich, daß der Tierarzt im Verlauf des Tages gekommen war und festgestellt hatte, daß Paddy sich das Rückgrat gebrochen hätte und er daher eingeschläfert werden müßte. Es war wie ein Todesfall in der Familie. Wir wußten alle, daß mein Vater das Nötige tun würde; eine Kugel wäre schnell und barmherzig, aber es würde furchtbar für ihn sein, hatte er doch viele Jahre mit Paddy gearbeitet und liebte ihn innig.

Ich ging alleine zu Paddy, um Lebewohl zu sagen. An diesem dunstigen Spätfrühlingsabend war der Gang ins Glen hoch eine traurige Wanderung. Ein leichter Nebel fiel, und mir kam es vor, als weinten sogar die Blätter. Ich kletterte über die Felsen zur Grasmulde hinunter, in der Paddy lag; er wimmerte, als er mich kommen hörte, und richtete seine dunklen, feuchten Augen auf mich. Ich setzte mich neben ihn und streichelte seinen seidig-weichen Kopf mit dem weißen Stern. Er stubste mich zärtlich, und ich umschlang ihn mit den Armen, meine Tränen rannen über seinen Hals. Er wieherte leise, und als ich nach oben schaute, sah ich die Silhouette meines Vaters, die sich gegen den dunkler werdenden Himmel abzeichnete. Er hatte sein Gewehr dabei. Es war Zeit zu gehen.

Ich machte mich durch das weiche, nasse Gras auf den Heimweg und wartete darauf, den Schuß zu hören, der die Stille dieses Abends unterbrechen würde. Als er nicht kam, wußte ich, daß mein Vater so lange wartete, bis ich zu Hause sein würde. Ich setzte mich auf einen Stein, um abzuwarten, und endlich ertönte der Schuß explosionsartig durch die Stille des Glen.

Nach einer Weile kam mein Vater den steinigen Pfad herunter. Es bestand kein Grund, irgend etwas zu sagen, als er mich sah. Ich schob meine Hand in seine Tasche, und wir gingen zusammen nach Hause.

Erdverbunden

Komm an einen stillen Ort
Einen Ort so still
Daß du hören kannst
Wie das Gras wächst.
Leg dich ins weiche Gras
Erfahre mit den Fingern
Die Geschmeidigkeit seiner Halme
Und höre zu:
Höre der Erde zu.
Der warmen Erde
Dem Puls des Lebens
Für uns alle.
Finde Ruhe
In ihrer Wärme
Fühle ihre Größe
Ihren Puls, ihr Pochen
Den Ursprung der Welt.
Schau hinauf in den Himmel
Den allumfassenden Himmel
Das Himmelszelt.
Wie klein
Wir doch sind:
Sprenkel im Universum
Doch noch Teil des Ganzen.
Wir gehen aus der Erde hervor
Und finden
Unseren eigenen Platz.

Das Feiern der Jahreszeiten

Jedes Jahr begrüßten wir den Sommer mit dem Errichten eines Mai-Altars zu Ehren der Mutter Gottes. Dazu waren wir weniger durch religiösen Eifer motiviert, als vom Wunsch beseelt, die kommenden langen und warmen Tage zu feiern: Mit Sträußen von wildwachsenden Blumen, die wir entlang der Gräben und auf den Wiesen pflückten, brachten wir ein Stück Natur ins Haus. Im Schlafzimmer über der Küche stand eine große, alte Kommode mit tiefen Schubladen. Wir drapierten sie mit einem weißen Tuch, stellten eine Schachtel darauf, die etwas kleiner als die Kommode war, und bedeckten auch diese mit einem Tuch. Darauf kam wiederum eine etwas kleinere Schachtel mit einem Tuch; und so schichteten wir weiter, so hoch es nur ging, ohne daß das Ganze einstürzte. Auf die Spitze dieser Pyramide setzten wir die Statue der Mutter Gottes. Es war ihr Altar, und so erhielt sie auch den Ehrenplatz, aber sie sollte nicht alles für sich allein haben. Auf die Stufe darunter kam die Jesusstatue, denn er sollte sich nicht vergessen fühlen; dann folgten St. Martin und St. Theresa. Wir schlossen auch St. Philomena ein. Allerdings befand sie sich unter Vorspiegelung falscher Tatsachen da, denn der Vatikan änderte in späteren Jahren seine Ansicht über ihre Glaubwürdigkeit. Auf die unteren Stufen stellten wir Blumen und Gräser, die in Marmeladegläsern arrangiert und angeordnet wurden.

Waren wir fertig, so hielten wir unsere Kreation für ein heiliges Meisterwerk, vor dem wir niederknieten und beteten. Dabei hatten wir das Gefühl, daß uns jeden Moment Engelsflügel wachsen und uns himmelwärts davontragen würden. Unser theatralischer Sinn war so ausgeprägt, daß wir uns in Bettdecken wickelten und mit Kissenüberzügen als Heiligenschein auf unseren Köpfen vor dem Altar herumtanzten.

Eines Tages beschlossen Connie und ich, uns selbst in den Schubladen der alten Kommode zu begraben. Vielleicht hatten wir Visionen von den Päpsten, die unter dem Vatikan bestattet waren. Connie gelangte ohne Mißgeschick in die unterste Schublade. Als ich mich aber in die vorgesehene Grabstätte legen wollte, neigte sich die gesamte Schöpfung unserer Verehrung nach vorne und brach donnernd über uns zusammen: Statuen, Gläser, Blumen und Wasser flogen in alle Richtungen. Unten aus der Küche rannten alle die Treppe hoch, um zu schauen, was los sei. Wir krabbelten aus den Schubladen und versteckten uns unter dem großen Holzbett in der Zimmerecke, wo uns niemand erwischen konnte, weil das Bett beinahe den Boden berührte und sie alle zu groß waren, um darunter zu kommen.

Meine Mutter ärgerte sich, als sie die Mutter Gottes ohne Kopf fand; unsere Schwestern tobten wegen des entstandenen Chaos, und mein Vater war außer sich, da es ohnehin wenig brauchte, um ihn in Rage zu versetzen, und er uns sowieso für eine heilige Plage hielt.

Wir blieben so lange unter dem Bett, bis sich die Lage etwas beruhigt hatte. Als Bill kam, wagten wir schließlich, runterzugehen, denn wir konnten uns immer darauf verlassen, daß er die Wogen wieder glättete.

Unsere Mutter Gottes erhielt später einen Hals aus Zement, der ein bißchen dick war, wodurch sie einiges von ihrer schwanenhaften Eleganz einbüßte, aber es war die bestmögliche Reparatur, da es damals noch keine Klebstoffe zu kaufen gab.

Sobald die Sonne der Witterung die beißende Kälte genommen hatte, wollten wir unsere schweren Winterkleider beiseite legen und die Sommerkleider anziehen, aber meine Mutter erhob Einspruch mit ihrem alten Sprichwort: »Schmeiß nichts weg, bevor der Mai vorüber ist.«

Im Winter trugen wir schwere Tweedröcke mit handgestrickten Pullovern und darunter graue Flanellunterröcke. Unter den Unterrock zogen wir eine ärmellose Jacke, genannt Leibchen, an und dazu noch ein langärmeliges Unterhemd aus reiner Wolle. Wir trugen lange, schwarze Wollstrümpfe, die so weit wie möglich hochgezogen und an einem Strumpfband befestigt wurden, sowie langbeinige Schlüpfer mit einem elastischen Abschluß, knapp oberhalb der Knie. Wir verbrachten kalte Tage draußen in den Feldern und saßen in einer feuchten, zugigen, ungeheizten Schule, daher war es unbedingt notwendig, warm angezogen zu sein. Aber wenn das Wetter wärmer wurde, waren wir froh über die Freiheit, die bloße Glieder boten.

Meine Mutter fertigte unsere sämtlichen Kleider, und für unsere Sommerkleidung kaufte sie eine große Rolle Baumwollstoff, um daraus einfache, sackartige Kleidungsstücke zu nähen. Das Wichtigste war das Verhüllen des Körpers, ein eleganter Schnitt war nicht erforderlich. Auf Bäume zu klettern und schlammige Gräben zu durchwaten vertrug sich nicht mit einem ordentlichen Äußeren eines Kindes, weshalb die Kleider eher zweckdienlich denn schmeichelhaft waren.

Jedes von uns Mädchen besaß eine Schachtel, in der wir unsere Sommerkleider den Winter über in einem großen Schrank aufbewahrten. Wurde es Sommer, brachten wir unsere Schachteln in den Garten hinaus, um sie in der warmen Sonne zu lüften.

In unserem Garten waren die Pflanzen und Sträucher nach den Personen benannt, von denen meine Mutter sie bekommen hatte, und die Escalonia war der Jer-Lucy-Busch. An diesem Tag trug Jer Lucy eine Sammlung farbenprächtiger Kleider von mir.

Als jüngste von fünf Mädchen wuchs ich mit einer ganzen Reihe an mich abgetretener Kleidungsstücke auf, aber ich hatte eine Patin in Amerika, die mir Pakete mit wunderschönen, rüschenverzierten Musselin- und Seidenkleidern sandte, die nach Lavendel und unbekannten Orten dufteten.

Wenn die Sonne das Erdinnere erwärmt hatte, kamen weiße, kleine Champignons kranzförmig hervor. Sie kamen über Nacht in kleinen Schwärmen, dort, wo noch spät in der vorangegangenen Nacht nichts als Grün war. Plötzlich standen sie da. Mit ihren kleinen, weißen Gesichtern guckten sie zwischen den Grashalmen hervor. Gewisse Felder waren voller Pilze und andere nicht, und wir wußten, wo wir zu suchen hatten, aber das taten auch die Nachbarskinder. Soweit es die Pilze betraf, waren sie für alle da, Farmgrenzen wurden bedeutungslos. Wollte man also Pilze ernten, mußte man früh aufstehen, nicht nur wegen der anderen Frühaufsteher, die Pilze suchten, sondern auch, weil sie von Kühen und Pferden zertreten werden konnten.

Es war ein großartiges Erlebnis, früh an einem Sommermorgen Pilze zu sammeln. Der Tau wusch einem die Zehen, und jeder neue weiße Schwarm wurde mit wachsendem Entzücken entdeckt. Manchmal schirmten tauglänzende Spinngewebe über dem Gras wie Netze die kleinen Pilze ab. Fast wie von einer Hülle wurden sie vor der Welt über dem Erdboden beschützt.

Schließlich hüpften wir mit vollen Körben über die sonnengetränkten Wiesen nach Hause, um die gesammelten Pilze zu verspeisen. Wir bereiteten sie zum Frühstück auf rotglühenden Grassoden neben dem Feuer. Jeder weiße Pilz wurde umgedreht und sein blaßrosafarbener Kopf mit Salz bestreut, das beim Zubereiten schmolz und sich mit dem Saft vermischte. Dann wurden sie vorsichtig, um nichts zu verschütten, herausgelesen, und wir tranken zuerst den Saft, bevor wir sie aßen: Der Kopf und die Flüssigkeit hatten das Aroma der weiten Felder. Manchmal wurden sie von meiner Mutter in Milch gekocht, aber irgendwie minderte das diese Erdspeise zu etwas Gewöhnlichem herab. Die Pilze hatten im Morgentau gebadet und bedurften keiner besonderen Zubereitung: Sie konnten gleich nach dem Pflücken gegessen werden, so schmackhaft und frisch waren sie.

Im Laufe des Sommers begannen die Dornensträucher entlang der Gräben zu knospen, mit grünen Beeren, die später zu großen und saftigen Brombeeren heranwuchsen und bogenförmig über die Feldränder hingen: reif zum Pflücken. Jede Brombeere wurde beim Pflücken daraufhin untersucht, ob sie frei von verräterischen Löchern, den Spuren winziger Schnecken waren, die sich an den Brombeeren gütlich taten, besonders wenn der Regen sie in großer Zahl hervorgebracht hatte. Beeren mit solchen Spuren wurden Mutter Erde zurückgegeben.

Zuerst aßen wir, so viel wir nur konnten, danach füllten wir mit purpurrot verschmierten Mündern und Händen unsere Eimer bis an den Rand. Meine Mutter machte daraus große, zweipfündige Gläser Brombeermarmelade, wovon die meisten in Windeseile geleert wurden. Einige jedoch wurden eingelagert, damit wir auch in den Wintermonaten den Geschmack des Sommers genießen konnten.

Auf einigen Feldern wuchsen Holzapfelbäume, doch die Holzäpfel waren klein und bitter. Dennoch konnte aus ihnen süß schmeckendes Gelee und Marmelade gekocht werden. Das Pflücken war eine stachelige Angelegenheit, da die Äpfel oft von starken Dornen- und Schlehdornzweigen umflochten waren.

Einmal hatte ich einen mit Holzäpfeln gefüllten Eimer mitten auf dem Feld stehenlassen, während ich anderen Zerstreuungen nachging. Als ich einige Stunden später zurückkam, mußte ich entdecken, daß mein Eimer und der Inhalt mit einer gelben Flüssigkeit getauft worden waren. Bei all dem Platz auf diesem weiten, offenen Feld mußte die Kuh ausgerechnet hier stehen, um ihr Geschäft zu verrichten!

Mein Vater kam oft mit einer Mütze voller Holzäpfel nach Hause, und einmal fragte er mich, für wie wertvoll ich eine Mütze voller Holzäpfel halte. Als ich antwortete: »Eigentlich für wertlos«, lächelte er und sagte: »Nun, ein Kind, das seine Mitmenschen nicht respektiert, ist genauso wertvoll für die Menschheit wie eine Mütze voller Holzäpfel.« Er erwartete von seinen Mitmenschen nicht viel, war sich jedoch der Rechte anderer Leute sehr bewußt, und immer wieder schärfte er uns dies ein.

Christy, ein lebensfroher junger Bursche, arbeitete bei uns. Er tanzte sehr gern und ging oft aus, bis in die frühen Morgenstunden, denn er hatte auch ein Auge für hübsche Mädchen. Eines Nachts kam er von einer Tanzveranstaltung und fand sein Fahrrad mit einem zerstochenen Reifen vor. Er behalf sich mit dem Schlauch eines anderen Fahrrads, hatte er doch seine Freundin auf der Lenkerstange nach Hause zu fahren. Es ist unglaublich, aber Christy mußte später vor Gericht und wurde für seine Tat zu sechs Monaten Gefängnis verurteilt. Mein Vater war darüber außer sich vor Wut. Er hatte das Gefühl, daß für Christy, einen lebenslustigen Burschen, diese Strafe ungeheuerlich war und in keinem Verhältnis zum Vergehen stand. Nach der Entlassung war Christy still und unterwürfig, er hatte all seine sprühende Lebhaftigkeit verloren.

Am ersten Sonntag nach seiner Entlassung verreisten mein Vater und meine Mutter für einen Tag und ließen uns Kinder, Haus und den Hof in Christys Obhut zurück. Einige Tage danach besuchte er seine Mutter.

»Christy«, fragte sie ihn, »werden sie dir je wieder vertrauen auf dem Hof, nachdem du im Gefängnis warst?«

Sie erzählte mir später, daß er lächelte und sagte: »Es macht keinen Unterschied. Sie gingen am Sonntag fort und betrauten mich mit allem.« Sie meinte, daß dies mehr zur Wiederherstellung seiner Selbstachtung beigetragen hat, als es noch so viele Worte vermocht hätten. Und wirklich, Christy erlangte schon bald sein Selbstvertrauen zurück und war wieder so fröhlich wie einst. Mein Vater hatte nie Psychologie studiert, doch er besaß ein angeborenes Verständnis für die menschliche Natur.

Fuchsien, die wir Glockenbäume nannten, wuchsen wild an den Hecken entlang. Wir pflückten diese glokkenartigen Blumen und saugten ihren süßen, klebrigen Saft, wie wir es bei den Bienen gesehen hatten.

Wenn wir draußen auf den Feldern durstig waren, gab es frisches Quellwasser, das vom Hügel hinterm Haus herkam und die meisten Gräben entlangfloß. Geschickt beugten wir uns ins Grün über die Gräben, und unsere Hände als Tassen benutzend, schöpften wir das kristallklare Wasser und tranken es aus unseren Handflächen.

Die einzigen Verschmutzer der Wasserwege waren die Enten und Gänse, und mein Vater erhob oft Einwände gegen sie, weil die Pferde und Kühe sich häufig weigerten, das Wasser nach ihnen zu trinken. Trotzdem trat meine Mutter für ihre Rechte ein und weigerte sich, auf seine Worte zu hören. Sie stellte klar, daß Enten und Gänse nur einen großen Wasserweg benutzten und deshalb ein Anrecht auf die Freiheit und das Vergnügen hätten, welche ihnen das Wasser bot.

Wenn der Sommer in den Herbst überging, lagerten wir die besten Äpfel für Halloween ein, den Tag vor Allerheiligen oder die Erhasch-den-Apfel-Nacht, wie wir es nannten. Emsig schauten wir nach den Nußbäumen, darauf hoffend, daß die Nüsse rechtzeitig reif würden, aber, ob reif oder nicht, stets pflückten wir sie. Diese Bäume waren hoch, mit kräftigen, langen Ästen, die sich weit über der Erde bogen, so daß es unsere ganzen Kletterkünste erforderte, sie zu bezwingen. Wir kletterten in die Baumkrone hinauf und, so weit wir uns trauten, auf die schwingenden Äste hinaus. Während wir auf gefährlichen Astgabelungen auf und ab wippten, griffen wir nach den Nüssen und warfen sie dem »Einsammler« am Boden zu. Waren schließlich die Körbe voll, glitten wir auf den Boden zurück und tanzten durch die dichter werdende Dämmerung nach Hause, zerkratzt, aber triumphierend. In jener Nacht knackten wir die Nüsse mit einem Stein auf den Fliesen vor dem Kamin. Äpfel baumelten an Schnüren, die mit Fleischerhaken an den Deckenbalken in der Küche hingen, während andere im Wasser eines Holzzubers herumschwammen.

Auch für Weihnachten versah uns das Land mit dem, was nötig war. Am vierten Advent unternahmen wir unsere jährliche Wallfahrt in den Wald, um die Zweige mit den roten Beeren der Stechpalme zu brechen. Es gab sie dort in Hülle und Fülle, genauso wie Efeu und Moos sowie seltsam geformte, verdorrte Holzstücke. Wir sammelten alles und banden es mit Schnüren aus Stroh zu Bündeln zusammen, die wir auf dem Rücken nach Hause trugen, wobei wir die Schnur über unserer Schulter fest umklammerten. Dies alles wurde für verschiedene Weihnachtsdekorationen verwendet. Es war kein Geld da, um Weihnachtsschmuck im Laden zu kaufen, den wir aber auch nicht brauchten, da uns die Landschaft rundherum mit allem Nötigen versorgte.

Der Wackelpudding-Krug

Der Sonntag auf dem Land war ein absoluter Ruhetag. Zwar mußten die Kühe gemolken sowie Tiere und Menschen verköstigt werden, aber abgesehen davon nahm sich jeder Zeit für sich selbst. Es war auch ein freier Tag für die Küche, so daß wirklich alle von der täglichen Arbeitsroutine befreit waren.

Leider mußten wir früher als üblich aufstehen, damit die Kühe noch vor der Frühmesse, die mein Bruder auf dem Rückweg von der Molkerei besuchte, gemolken waren. Dies gab meinem Vater die Gelegenheit, uns andere zur Spätmesse mitzunehmen.

An Sonntagen war mein Vater beim Frühstück immer anwesend, und es war eine entspannte Atmosphäre, weil auf niemanden Arbeit wartete. Es war die einzige Zeit, zu der mein Vater je sang, und sein Lieblingslied war »Die alte Straße durchs Moor«. Er kippte den Stuhl nach hinten, rieb sich den Hinterkopf und grölte: »... ihr Sarg die alte Moorstraße hinab.« Seine Stimme klang, als rasselte eine rostige Kette in einem Eimer, aber was an Harmonie fehlte, machte er durch Überschwenglichkeit wett, da er nur sang, wenn er glücklich war.

Er liebte Poesie und war im Vortragen bedeutend besser als im Singen. Sein Lieblingsdichter war Oliver Goldsmith, und »Das verlassene Dorf« rollte mit solchem Genuß von seiner Zunge, daß man wußte, er teilte alle Empfindungen des Dichters. Er kannte auch ein kurioses kleines Gedicht, welches ich nie von jemand anderem gehört habe:

Es war einmal bei uns daheim
Das Ferkel schon ein altes Schwein
Als Hähne noch am Tabak kauten
Und kleine Vögel Nester bauten
In Bärte alter Männer rein.

Nach der sonntägliche Poesiestunde schaltete er das Radio ein und hörte auf BBC den Gottesdienst der Anglikanischen Kirche. »Hört nur, jedes Wort ist genauso gut wie das, das wir in einer Stunde in unserer eigenen Kirche hören werden.«

Es war Aufgabe des Ponys, uns im zweirädrigen Wagen zur Sonntagsmesse zu fahren. Im Winter konnte das ein gewagtes Unternehmen sein, denn sollte das Pony auf dem Eis ausgleiten, würden wir alle kopfüber auf der Straße landen, aber im Sommer war es eine höchst vergnügliche Art zu reisen. Wenn wir jemandem auf unserem Weg begegneten, nahmen wir ihn mit in den Ort. Damals hatten die Häuser in der Stadt Hinterhöfe, in denen die Pferde mit den Wagen während der Messe angebunden wurden. Nach dem Kirchgang besuchten wir eine Tante und brachten ihr Kuchen, den unsere Mutter gebacken hatte, sowie zwei große Whiskeyflaschen voll Milch. Dafür lud sie uns zu Tee und Apfelkuchen ein.

Danach tätigte meine Mutter ihre Einkäufe. Diese waren einfacher und zweckmäßiger Natur, da Geld in jenen Tagen äußerst knapp war: Es gab alles in Hülle und Fülle, nur nicht Geld, aber der Bedarf danach war auch nicht groß. Alle Nahrungsmittel erzeugten wir selbst, und zu den meisten Orten, die wir aufsuchten, liefen wir zu Fuß, was uns allein Zeit kostete, doch davon hatten wir reichlich. Wir Kinder streckten unsere Pennys, um die Süßigkeiten zu kaufen, die am wenigsten kosteten und am längsten vorhielten. Den besten Gegenwert bot ein Block Rahmbonbons zu sechs Pence, für die meine Schwester Phil und ich unsere Mittel zusammenwarfen. Der reichte uns dann für die ganze Woche. Es war der Inbegriff von Luxus, auf dem Schulweg etwas zum Lutschen zu haben, und manchmal machte der Bonbon eine zweifache Reise, wenn wir ihn halbgelutscht aus dem Mund nahmen und in Papier eingewickelt für den Heimweg aufsparten.

Der Sonntag auf dem Land war ein Mußetag. Nach der Messe ging meine Mutter nicht nur einkaufen, sondern sie plauderte auch viel mit den Nachbarn, die sie traf, und häufig dauerten diese Gespräche länger als die Einkäufe. Mein Vater ging indessen in das Pub auf einige Gläser Bier und traf dort seine Freunde. Wir besuchten die Bibliothek, die in unserer Gemeinde eröffnet worden war, um unsere Bücher umzutauschen. Dabei gab es viel durchzublättern, und große Entschlußkraft war nötig, um eine Auswahl zu treffen, die uns wieder neue Horizonte eröffnete. Zum Schluß strebten wir alle zurück zu Pferd und Wagen. Meine Mutter kam stets als letzte an, und mein Vater, nun ausgezeichneter Laune, steckte seine Pfeife an und paffte zufrieden drauflos. Waren wir endlich bereit, nach Hause zu fahren, trottete das Pony gemütlich los.

Zu Hause angekommen, hatten wir einen sogenannten Tee-Imbiß. Da niemand am Sonntag arbeitete, wurde auch nicht gekocht, und gewöhnlich gab es einen kalten Fleischsalat und zum Nachtisch Wackelpudding mit Sahne. Für diesen Sonntagsschmaus bereitete meine Mutter den Wackelpudding oft schon in der vorhergehenden Nacht zu. Auch ich liebte es, Wackelpudding zu machen, und immer faszinierte es mich, zuzusehen, wie sich das Pulver in heißem Wasser auflöste. Eines Tages streute ich das Pulver in einen orangefarbenen Krug, ohne zu erkennen, daß es ein Familienerbstück war, das meine Mutter von meiner Großmutter als Hochzeitsgeschenk erhalten hatte. Ich goß das kochende Wasser direkt aus dem Kessel über das Pulver, und der Krug zerbrach in zwei Hälften. Noch heute sehe ich die rote Flüssigkeit über den Tisch fließen, und ich höre meine Mutter, wie sie voller Schreck nach Luft ringt, was mir die Ungeheuerlichkeit meiner Tat bewußt werden ließ.

Jahre danach, als ich im selben Alter wie meine Mutter damals war, sprachen wir über den orangefarbenen Krug. »Weißt du«, sagte meine Mutter, »ich glaube, die Scherben des Kruges liegen drüben im alten Torfhaus in einer Lücke zwischen zwei Steinen, unterhalb des hinteren Fensters.«

Ich ging in das Halbdunkel des alten Steinhauses, welches jetzt zu Lagerzwecken benutzt wurde, und da, genau an der besagten Stelle, zwischen den Steinen unterhalb des Fensters, befanden sich die Teile des alten Kruges. Sie nur zu sehen genügte, um mich all die Jahre zurückzuversetzen. Ich war entzückt und nahm sie mit, um den Krug reparieren zu lassen, und heute nimmt er einen Ehrenplatz in meiner Sammlung von Krügen ein. Meine Mutter hortete alles, ein Charakterzug, der sich in späteren Jahren als großer Segen, auch für uns, herausstellte.

Nach dem Sonntagsessen ging mein Vater gewöhnlich angeln, ein einsamer Zeitvertreib, von dem wir ausgeschlossen blieben mit der Begründung, wir könnten die Fische verscheuchen. Aber wir hatten Spaß am Fliegenfangen, die er als Köder benutzte. Er legte etwas frischen Pferdemist in eine Schachtel, und dieser zog die Fliegen an. Dann verschloß er sie. Die Schachtel besaß an einem Ende eine runde Öffnung, und an die hielt er ein Kuhhorn. Die Fliegen flogen ins Horn, welches er schließlich mit Maschendraht abdeckte, und das Horn voller summender Fliegen ließ er in seine Anglertasche gleiten. Er kam gewöhnlich mit einer durch die Bachforellen ausgebeulten Tasche nach Hause. Wir wuschen die Fische im Bach am Ende des Gartens, und meine Mutter briet sie in Butter zum Abendessen.

Wir Kinder verbrachten den Sonntag meist draußen auf den Feldern. Manchmal lagen wir einfach still im hohen Gras und beobachteten die Kaninchen, die es dutzendweise auf jedem ungepflügten Landstück gab. Zeigte man sich plötzlich, stoben sie in die Gräben davon und verschwanden in ihren Bauen. Die Gräben waren von Bauen durchlöchert, und höchst selten traf man auf ein besonders großes Loch, einen Fuchsbau, der auch leicht an seinem stark beißenden Geruch zu erkennen war. Manchmal sah man einen Fuchs in gemächlichem Trott die vom Gebüsch überwucherten Gräben entlanglaufen, hie und da innehalten und mit gespitzten Ohren auf mögliche Gefahren lauschen. Nur einmal sah ich einen Fuchs auf offenem Gelände: Er rannte über die gesamte Länge unseres langen Feldes, während ich gerade zufällig oben auf einer Anhöhe saß. Als er mich bemerkte, zögerte er und starrte mich an. Sollte er Angst gehabt haben, so fürchtete ich mich noch viel mehr vor ihm, denn ich stellte mir vor, er würde mich zwischen seinen Zähnen davontragen, genauso wie er es mit den Hühnern meiner Mutter machte. Gegenseitig starrten wir uns einige Sekunden an, dann trollte er sich davon, mich als wenig gefährlich abtuend.

Wiesenblumen zu pflücken war ein weiterer Zeitvertreib am Sonntag: Butterblumen, Glockenblumen, das Geißblatt mit seinem verführerischen Duft – alle fanden sie den Weg in unsere Küche, wo sie in leeren Marmeladengläsern in allen Ecken standen. So gut sie auch als Blumenvasen dienten, fanden die Marmeladengläser noch viele andere Verwendungszwecke. Wir füllten sie mit dem Gänsefett vom Weihnachtsbraten, das dazu verwendet wurde, hartes Schuhleder weicher zu machen und um Gelenkschmerzen zu lindern. Darüber hinaus dienten uns die Gläser zum Fang von Collies, kleinen Fischen, die in Schwärmen zogen. Wir banden eine Schnur um den Glashals und legten das Glas ins Flußbett, wo es zwischen den Steinen funkelte. Bewegungslos danebenstehend, sahen wir die Collies um unsere Zehen schwimmen und fühlten sie kitzeln, bis einer unweigerlich den Weg ins Glas fand, welches wir dann aus dem Wasser rissen. Oft fingen wir auch andere Fischarten, hatten aber eine Todesangst vor Aalen, denn wir waren davon überzeugt, daß sie unsere Zehen abbeißen würden.

An einigen Sonntagen gingen wir zum Fort, das genau hinter unserem Haus lag. Es war sehr groß, und mein Vater hatte vor Jahren Bäume angepflanzt, so daß es hier jetzt auch einen Wald gab. Das Fort war auf der abfallenden Seite eines Hügels angelegt und von riesigen Erdwällen mit Durchgängen dazwischen umgeben. Der gesamte Platz war mit einem Teppich aus Piniennadeln bedeckt. Darauf zu laufen fühlte sich an, als würde man auf luftigen Kissen gehen. Wir spielten Verstecken rund um die Erdwälle und hinter den Bäumen und, abgesehen von uns, machten nur noch die Vögel Geräusche. Der Platz war ein Zufluchtsort für alle Arten von Tieren, und häufig bauten auch die Füchse hier ihre Hauptquartiere – sehr zum Ärger meiner Mutter, da sie oft ihre Gänse und Truthähne erbeuteten.

Wir kannten eine Reihe von Vogelnestern, die wir vorsichtig besuchten, um nicht etwa zu stören, wir wollten das Heranreifen der Eier beobachten. Es entzückte uns, wenn die Nestlinge zum Vorschein kamen, und oft versteckten wir uns, um dem Hin- und Herfliegen der Eltern beim Füttern ihrer Jungen zuzusehen.

Jedes Jahr kamen die Schwalben in unsere Kuhställe und Stallungen. An den Dachbalken hing ein Labyrinth von Nestern, und es war der Stolz eines jeden, der erste zu sein, der die Ankunft der Schwalben und den Ruf des Kuckucks melden konnte. Nachts schliefen wir beim schnarrenden Klang des Wiesenläufers ein, von dem wir glaubten, er sagte:

Wiesenläufer
Ungeborgen
Fraß sein Weibchen
Freitagmorgen.

Damals wurde freitags nie Fleisch gegessen, und somit hatte der Wiesenläufer die Fastenregeln gebrochen.

Im Gehölz unterhalb des Hauses gurrten die Tauben unaufhörlich. Im Obstgarten neben dem Hain begann mein ältester Bruder mit einer Bienenzucht. Als aber die Zahl seiner Bienenstöcke immer größer wurde, verlegte er sie ins Gehölz hinter dem Haus. Hier wurde nun unter jedem Baum ein Bienenstock angebracht, und es war fesselnd, den Bienen bei der Arbeit zuzusehen, insbesondere, wenn mein Bruder im Sommer für eine Woche zu einem Bienenzüchterkurs ging und mir die Aufsicht übertrug.

Als ich das erste Mal die Verantwortung hatte, betete ich, daß sie nicht ausschwärmten, doch sie taten es natürlich. Als ich eines Nachmittags zum Kontrollieren kam, hing ein Schwarm Bienen wie eine große Traube von einem Ast herunter. Ich kannte die nun folgende Prozedur und zog trotz meiner Nervosität vorher noch den Schutzanzug über. Vorsichtig näherte ich mich, hielt mit einer Hand einen Eimer genau unter den Schwarm, und mit der anderen versetzte ich dem Zweig, mit der Rückseite eines Beils, einen festen Schlag: Der Schwarm fiel in den Eimer. Ein Teil der Bienen surrte wütend über die Störung ihres Friedens, ich aber stellte den Eimer unter den Baum, und als sie sich etwas beruhigt hatten, deckte ich ihn mit einem Tuch zu. Zumindest konnten sie jetzt nicht mehr davonfliegen, falls sie dies beabsichtigten, was vor Sonnenuntergang jederzeit noch möglich war.

Spät am Abend kehrte ich zurück, um die Arbeit zu vollenden. Ich nahm die alte, aus leichtem Holz gefertigte Tür, die mein Bruder zu diesem Zweck aufbewahrte, und lehnte das eine Ende gegen das Landungsbrett des Bienenstocks und das andere auf den Boden, dann breitete ich ein weißes Tuch darüber. Sanft den Eimer hebend, entfernte ich die Bedeckung und schüttelte den Klumpen aus Bienen auf das vorbereitete Tuch. Zuerst summten sie zornig, aber bald fanden sie sich zurecht. Der Kniff an dieser Stelle war das Ausfindigmachen der Bienenkönigin, die um einiges größer als die anderen Bienen ist, und man mußte sicher sein, daß sie in den Bienenstock hineinging, woraufhin ihr die anderen folgen würden. Ich hatte Anfängerglück:

Da war sie, auf dem Weg zum Eingang, und der Rest folgte ihr einfach. Es war nicht weiter notwendig, zu bleiben, da sie sich nunmehr selbst einrichteten, aber ich ging später im Halbdunkel zurück, um sicherzustellen, daß keine Bienen auf dem Tuch zurückgeblieben waren. Im Gehölz war es jetzt still und friedlich, und in allen Bienenstöcken war nach einem geschäftigen Tag Ruhe eingekehrt. Kniete man neben einem Bienenstock nieder und legte sein Ohr daran, war ein leises, sanftes Brummen zu hören.

Auf unserem Küchentisch stand immer Honig, ob nun im Glas oder ein Stück der Wabe oder manchmal sogar der ganze Wabrahmen direkt vom Bienenstock.

Meine Mutter war die einzige in der Familie, die die Sonntage im Haus zubrachte. Sie saß vor dem offenen Küchenfenster, las die Sonntagszeitung und hatte sich immer die ihr interessant erscheinenden Artikel aus den Wochentagszeitungen beiseitegelegt, um sie an ihrem Ruhetag zu lesen.

Während dieser Zeit hatte sie auch das Radio für sich allein. Dies war ein großer Luxus in unserem Haushalt, da gewöhnlich Machtkämpfe ums Radio entbrannten, besonders dann, wenn die verschiedenen Sender gleichzeitig interessante Programme ausstrahlten. Meine Mutter war ihr ganzes Leben lang eine emsige Radiohörerin. Zu jener Zeit lief werktags »Frau Dales Tagebuch« um 16.15 Uhr auf BBC, und nie versäumte sie eine der Sendungen. Auch wir rannten oft von der Schule nach Hause, um rechtzeitig hören zu können, ob Frau Dale wieder eine Familienkrise zu meistern hatte. »Die Stunde der Frau« war auch eine von Mutters Lieblingssendungen.

Trotz allem wurde ihr friedliches Lesen und Radiohören an den Sonntagen gewöhnlich unterbrochen, denn sie hatte viele Besucher. Dies war insbesondere die Zeit, zu der die Frauen der benachbarten Farmer zu Besuch kamen. Abgesehen von diesen empfing meine Mutter verschiedene andere Besucher. Da war eine Dame, die die Blüte ihrer Mädchenzeit längst hinter sich hatte, dies aber nicht wahrhaben wollte. Sie kam zu meiner Mutter, damit diese für sie einen Ehemann oder zumindest eine »kleine Beschäftigung« fand. Meine Mutter sträubte sich gegen den ersten Vorschlag, vermittelte ihr aber viele »kleine Beschäftigungen«. Diese gingen zwar ausnahmslos schief, doch die Dame kam trotzdem wieder und fragte nach einer neuen Aufgabe. Sie rauchte wie ein Schlot, und wenn wir die Küche betraten und ihren Zigarettenrauch rochen, ärgerten wir meine Mutter heftig, indem wir sagten: »Oh, heute hattest du eine ›kleine Beschäftigung‹.«

Ein anderer, der an Sonntagabenden vorbeikam, war Andy Connie. Er war ein Onkel meines Vaters, mußte also bereits ziemlich alt gewesen sein, aber er besaß das Herz und die Fitneß eines Jünglings. Auf dem Weg zu unserem äußeren Hof befand sich ein 1,50 Meter hohes Gatter, und zum Garten hin führte ein etwas niedrigeres. Nie öffnete er eines der beiden, sondern übersprang sie stets. Er liebte es, zu singen und zu tanzen, und oft stand er mitten in der Küche und tanzte eine Gigue oder einen anderen Volkstanz. Er tanzte aus Lebensfreude, und wir liebten seine Besuche, weil er für uns wie ein Sonnenstrahl war.

Andys Frau war in jungen Jahren gestorben und hatte ihm eine kleine Tochter hinterlassen, die er anbetete. Viele seiner Freunde hatten versucht, ihn wieder zum Heiraten zu bewegen, und so hatte er denn ein kleines Gedicht verfaßt, um sie davon abzubringen. Mary Barry war der Mädchenname seiner Frau gewesen, und in seinem Dilemma bat er sie um Unterstützung:

Würde Mary Barry vom Himmel aus sehn
Ihren Andy Connie
Als Bräutigam aus der Kirche gehn
Dann würde ihr Körper in tiefem Gram
Voller Zorn und Scham
Wieder auferstehn.

In einer stürmischen Nacht blieb Andy bei uns, und am nächsten Morgen beim Frühstück erzählte er meiner Mutter, daß er nicht hatte schlafen können, weil die Esche, die ganz hinten im Garten stand, die ganze Nacht hindurch »Andy Connie, Andy Connie« gerufen hätte. Bis zum heutigen Tag ist dieser Baum als Andy Connie bekannt.

Gegen Abend, als alle nach Hause zurückkamen, mußten die nächtlichen Arbeiten verrichtet werden. Schließlich mußten die Tiere gefüttert werden, egal welcher Tag es war. Zwei von uns trieben die Kühe heim, zwei gingen die Kälber füttern, und einer mußte die Hühner und das andere Geflügel versorgen.

Nach dem Melken aßen wir alle gemeinsam zu Abend, und in der Regel gab es einen Nachtisch, eben weil Sonntag war. Danach streifte mein Vater noch draußen herum, und die Älteren gingen zum Tanzen, mein Bruder aber mußte zuerst die Bienen in die Stöcke bringen, bevor er irgendwohin gehen konnte. Meine Mutter machte gewöhnlich einen Spaziergang über die Felder, um nach der Rückkehr zu Ende zu lesen. Später, wenn mein Vater zurück war, versammelte sie alle Mitglieder ihres Haushalts, die entweder zu jung oder zu alt fürs Nachtleben waren, um sich, und wir knieten zum Beten des Rosenkranzes nieder.

Ein sonderbarer, alter Kauz

Der alte George war nicht wie die anderen Nachbarn. Er lebte nach den Buchstaben des Gesetzes, und hatte man mit ihm einen ernsthaften Konflikt, konnte er einen bis vor den Obersten Gerichtshof schleppen, noch bevor man wußte, wie einem geschah.

Soviel ich weiß, hatte er nie Recht studiert, er wußte jedoch genau, wie weit er gehen konnte, ohne die Rechte anderer zu verletzen – ein Korinthenkacker. Er fuhr mit einem zweirädrigen Pferdewagen in die Stadt, das Pony fett, der Wagen wohl gepflegt, so daß man sich in dessen Glanz spiegeln konnte. Er trug einen dunklen Anzug und einen steifen, schwarzen Filzhut und sprach mit langsamer, gesetzter Stimme, die den Eindruck vermittelte, daß er jedes Wort genau abwog, bevor es über seine Lippen kam. Er war nicht besonders beliebt, gehörte aber zum Ort, und wir akzeptierten ihn als das, was er war: ein wunderlicher, alter Kauz. Jeder ging ihm aus dem Weg, es war wie bei unserem kleinen Pferd: Man war sicherer, hielt man Distanz.

Ein neuer Polizist kam in die Stadt und entschloß sich, George gegenüber die Muskeln spielen zu lassen. Wir hätten ihm sagen können, daß er auf verlorenem Posten stand, aber ein aufgeweckter junger Mann weiß alles, damals wie heute.

Er begab sich also zu George, um dessen Hundesteuermarke zu prüfen. Zu jener Zeit warfen die Gesetzeshüter ein strenges Auge auf Hunde, und wurde man ohne eine Steuermarke erwischt, erhielt man eine gerichtliche Vorladung.

Der junge Polizist fragte George, ob er eine Steuermarke für seinen Hund besitze, und George antwortete, nein, er habe keine. Der Polizist verwarnte George und ließ ihn wissen, daß er in einer Woche zurück sei und dann die Steuermarke sehen wolle.

Eine Woche später kam er und erhielt von George dieselbe Antwort.

Binnen einer bestimmten Frist kam eine Ladung vor Gericht, wo George zu erscheinen hatte. Er ging gern dorthin, vielleicht war er in seinem Innersten Schauspieler, der dramatische Auftritte liebte. Der Fall wurde aufgerufen und George in den Zeugenstand beordert. Der Richter erinnerte sich an diesen Klienten von früheren Vorfällen her und beschloß, die Sache gelassen zu nehmen.

»Sie scheinen einen Hund ohne Steuermarke zu besitzen«, sagte er mild.

»Das habe ich nicht«, antwortete George.

»Aber so lautet die Anklage«, erwiderte der Richter.

»Diese Klage ist falsch«, verkündete George.

»Aber Sie besitzen einen Hund?« fragte der Richter in einem Versuch, die Situation zu klären.

»Ich besitze keinen Hund.«

»Gut, wer ist dann der Besitzer des in Frage stehenden Hundes?« fragte der Richter.

»Mein Sohn Peter«, antwortete George, »besitzt diesen Hund.«

»Und warum hat er keine Steuermarke?« verlangte der Richter zu wissen.

»Dieser Hund ist registriert. Mein Sohn Peter hat ihn registrieren lassen. Mir gehört er nicht, also lasse ich ihn auch nicht registrieren!«

George genoß es, die Obrigkeit herauszufordern. Die Priester hatten damals eine große Macht oder glaubten es zumindest. Jedes Haus im Bezirk hielt in festgesetzter Reihenfolge eine Hausmesse. Es war Brauch, daß das Haus, in dem die Messe stattfinden sollte, für den Koffer des Priesters zuständig war und ihn aus dem angrenzenden Bezirk, wo die Messe am Tag zuvor abgehalten worden war, abholte. Der Koffer enthielt, was der Priester für die Messe benötigte, und obwohl dieses System wahrscheinlich aus einer Zeit stammte, als die Priester noch auf dem Pferderücken reisten, wurde der Brauch auch nach der Ankunft des Automobils gepflegt. Er kam den Priestern gelegen, und niemand stellte ihn in Frage, so lange, bis George sich dagegen wehrte. An dem Morgen, als die Messe bei ihm stattfinden sollte, war zur Ankunft der Priester schon alles vorbereitet. Es war üblich, daß der Gemeindepriester in ein anderes Zimmer ging, um dort die Beichte zu hören, während der Kurat, ein selbstherrlicher Mann mittleren Alters, seinen Altar vorzubereiten begann. Fragend sah er sich nach seinem Koffer um, der sonst immer bereitstand. Er war aber nirgendwo zu sehen. »Wo ist mein Koffer?« verlangte er zu wissen.

Die Ruhe selbst, antwortete George: »Ich vermute, Pater, er ist dort, wo Sie ihn haben stehen lassen. Das ist allein Ihre Sache.«

Von da an trugen die Priester ihre Koffer selbst.

Als George im hohen Alter starb, strömten alle Nachbarn zur Totenwache herbei. Seine Frau war schon vor Jahren gestorben, und sein Sohn Peter war ein angenehmer Mann, den die Lebenseinstellung seines Vaters häufig etwas verblüfft hatte.

Totenwachen waren meist traurige Angelegenheiten, aber bei George wurde beinahe eine Feier daraus. Er war im Leben anders gewesen, und so war es passend, daß er es auch im Tode war. Nach einer Nacht, in der viel erzählt und getrunken wurde, beschlossen die Nachbarn, den Rosenkranz zu beten, damit nicht der Eindruck entstand, sie hätten vergessen, was sie eigentlich hergebracht hatte. Jim, der mit George viele Jahre zusammengearbeitet hatte, beschloß, sich der Sache anzunehmen. Georges Sinn für theatralische Auftritte mußte auf ihn abgefärbt haben. Beim Vorbeten des Rosenkranzes wollte er eine erhöhte Stellung einnehmen. Deshalb stieg er auf den Küchentisch und kniete hoch über all den anderen. »Der Mann am Ruder steuert das Schiff«, verkündete er und fuhr fort, den Rosenkranz mit einer lauten, bedächtigen Stimme vorzubeten, genauso wie der alte George gesprochen hatte.

Die Ferienhühner

Wie kann man ein reifes, hohes Alter erreichen und trotzdem seinen Glauben daran bewahren, daß dies eine wunderbare Welt ist und jedermann in ihr so gut wie nur irgend möglich ist? Meine Mutter verlor nie ihren Glauben an das Gute im Menschen. Tat ihr jemand Unrecht, so fand sie stets dieselbe Entschuldigung: Er oder sie hätte es nicht getan, wenn eine andere Möglichkeit offengestanden hätte. Ihre einfache Logik führte des öfteren zu Enttäuschungen.

Wir hatten einen Nachbarn, der einen guten Plausch genoß, und je deftiger der Klatsch war, desto besser eignete er sich zum Erzählen. So glaubte er, daß man nie auf eine gute Geschichte nur der Wahrheit wegen verzichten sollte. Zog er für einen Zuhörer wirklich alles an den Haaren herbei, bekam er es mit meiner Mutter zu tun und hatte dies stets zu bereuen. Ganz gleich, wie außergewöhnlich seine Neuigkeiten auch waren, sie blieb völlig ungerührt und bemerkte: »Darüber habe ich nie auch nur ein Wort vernommen«, wobei ihre Stimme andeutete, daß sie es bestimmt gehört hätte, würde es der Wahrheit entsprechen.

»Verflucht, Lena«, erwiderte er dann, »es könnte auf dem Jahrmarkt verkündet werden, und du würdest es nicht hören.«

Eines Tages verzweifelte er und verstieß sie endgültig aus seinem potentiellen Zuhörerkreis. Mit vernichtender Stimme sagte er: »Du bist keine gute Gesprächspartnerin, da du über niemanden etwas Schlechtes sagen würdest.«

Ungeachtet dieses bedingungslosen Glaubens an ihre Mitmenschen, konnte meine Mutter einen doch zurechtstutzen, aber auf eine so liebenswürdige Art, daß es manchmal zehn Minuten dauern mochte, bevor einem der tiefere Sinn des Gesagten aufging. Eine meiner Schwestern und ich hatten einmal eine lange und komplizierte Auseinandersetzung mit ihr. Zum Schluß waren wir davon überzeugt, unseren Standpunkt bewiesen und sie völlig überlistet zu haben. Sie lächelte uns unschuldig an und sagte: »Wie kommt eine dumme Frau wie ich zu zwei solch klugen Töchtern?«

Unsere Mutter bezog die Betreuung der alten Nachbarn in unsere Haushaltspflichten mit ein, und weil sie so geduldig war, wurde ihr vieles aufgebürdet. Eine ihrer Freundinnen übergab uns jedes Jahr ihre Hühner als Feriengäste, während sie und ihr Mann ans Meer fuhren. Nicht genug, daß die Hühner zu uns in die Ferien kamen, nein, mein Vater hatte sie auch noch mit dem Pony in einem Weidenkorb zu holen, und dies versetzte ihn in eine Wut, die während des gesamten Aufenthalts der Hühner anhielt. Aber die Einwände meines Vaters gegen die ganze Sache waren nichts im Vergleich zum Widerwillen der Hühner, weil Hühner äußerst seßhafte Kreaturen sind und fremde Orte überhaupt nicht mögen. Auch sind sie keine guten Gastgeber, und so machten unsere eigenen Hühner den Besuchern das Leben schwer und kämpften an allen Ecken und Enden mit ihnen. Unser Hahn war in der Tat der einzige, der sich über diese Situation freute. Der erweiterte Harem beflügelte seine matten Lebensgeister. Aber am Ende des Monats hatte sogar er genug von dieser besonderen Betätigung und befand sich aufgrund des exzessiven Genusses in einem Zustand völliger Erschöpfung.

Vom Hahn ganz zu schweigen – Hennen sind nämlich sehr wählerisch, wen sie in ihre Federn lassen – stellte die Schlafenszeit das größte Problem dar. Wenn es also dunkel wurde, zogen sich unsere Hühner in ihren Stall zurück, während sich die Besucher auf den Bäumen niederließen. Dies hätte die ideale Lösung sein können, wäre da nicht der listige Fuchs gewesen: In der Morgendämmerung kamen die törichten Hühner immer von den Bäumen herunter, und dann packte er zu. Ein lautes Gegackere weckte den gesamten Hof, und alle fielen aus den Betten. Mein Vater schwor den Hühnern und dem Fuchs Rache und fuchtelte mit dem Gewehr herum. Im zarten Licht des neuen Tages herrschte ein völliges Durcheinander. Die Pferde protestierten gegen die Gewehrschüsse in der Morgendämmerung, und das totale Chaos weckte alle anderen Tiere. Die Schweine, die behaglich zusammengekuschelt fest geschlafen hatten, erwachten plötzlich mit lautem Klagen und entschieden, daß es bedeutend später als angenommen sein mußte und sie hungrig zu sein hatten. Hungrige Schweine geben ein fortgesetztes, hohes Quieken von sich, das die härtesten Trommelfelle und die stärksten Nerven strapaziert. Die Hölle brach los, und die Schuldigen waren natürlich die Ferienhühner.

Die einzige Lösung war, sie jede Nacht freiwillig oder auf andere Weise in den Stall zu bekommen. Dies war nicht zu erreichen, bevor sie sich nicht bereits selbst zur Nachtruhe niedergelassen hatten. Der Platz ihrer Wahl waren gewöhnlich die Bäume im umliegenden Gehölz. Die älteren und folgsameren Hühner konnten wir in der Dämmerung in den Hühnerstall treiben. Aber die quirligen Hühnchen, fest entschlossen, zu entwischen, waren schwer zu greifen, und so saßen sie alle in den Baumkronen, und es galt, sie herunterzuholen und in den Stall zu schaffen.

Wenn es dunkel war und sie sich alle niedergelassen hatten, schwärmten wir aus der warmen Küche hinaus, mit Besen und langen Stöcken bewaffnet, um die widerspenstigen Hühner von den Ästen herunterzustoßen. Wir Jüngeren hatten Spaß daran, im Dunkeln hoch in die Bäume zu klettern. Hatten wir eine unglückliche Henne ergriffen, ließen wir sie flatternd zu Boden, wo sie ein Erwachsener packte und in den Hühnerstall steckte. Dieses Unterfangen konnte eine Stunde dauern. Während der ganzen Zeit verwünschte und verfluchte mein Vater die Hühner, aber nicht nur diese allein, sondern auch ihre Besitzer: »Diese verdammten Scheißkerle! Bräunen ihren Arsch in Ballybunion!«

Diese zusätzliche, nächtliche Tätigkeit fand im August, dem Höhepunkt der Heuernte statt und trug an heißen Tagen sehr zur gereizten Stimmung auf der Wiese bei. Wenn Dan zu dieser Zeit bei uns war, verkündete er uns allen beim Frühstück, ohne dabei jemanden besonders anzugucken: »Die Leute bekommen gewöhnlich das, was sie verdienen.« Dan hatte großen Respekt vor meiner Mutter und verstand sich mit ihr so gut, wie es seine streitsüchtige Natur erlaubte, aber ihre gutmütige Art trieb ihn manchmal zur Raserei, und zweifellos gab er ihr die Schuld an »diesen verfluchten Hühnern«, die den ganzen Hausstand durcheinanderbrachten.

Nach einem Monat hatte jeder mehr auszuhalten gehabt, als zu verkraften war. Bei Rückkehr der erholten und sonnengebräunten Besitzer packte mein zorniger Vater die Ferienhühner in den Weidenkorb, schirrte das Pony an und brachte ihnen die Last zurück. Ich wunderte mich oft, wie er dem Wunsch widerstehen konnte, ihnen zu sagen, was sie mit ihren Hühnern tun sollten. Obwohl ihn meine Mutter durch ihre geduldige Annahme der Probleme anderer Leute an den Rand eines Nervenzusammenbruchs brachte, liebte er sie sehr und hätte nie etwas getan, was ihre Familie und Freunde verletzt hätte. »Verärgere nie die Bekannten deiner Ehefrau«, war einer seiner bevorzugten Ratschläge.

Ein Platz im Himmelreich

Pauls Farm lag, von uns aus gesehen, auf dem Hügel auf der gegenüberliegenden Seite des Flusses. Paul hatte viele Jahre draußen im australischen Busch zugebracht und, an ein einsames Leben gewöhnt, kein Verlangen nach menschlicher Gesellschaft. Seine männlichen Nachbarn tolerierte er, Frauen jedoch schienen außerhalb seines Fassungsvermögens zu stehen, und er hielt sich, so weit wie möglich, fern von ihnen. Er betrachtete sie als Mitglieder einer gefährlichen Spezies, die seine Sicherheit bedrohte.

Die Nachbarn respektierten seine Zurückgezogenheit und hielten Distanz. Immer wenn er Hilfe benötigte, stand er auf dem Hügel vor seinem Haus und schrie über den Fluß hinüber. Wäre er zum Opernsänger ausgebildet worden, hätten ihm seine bemerkenswerten Stimmbänder vielleicht ein Vermögen eingebracht, so außergewöhnlich waren deren Volumen und Reichweite.

Ein beinahe ebenso begabter Nachbar war Jack, der westlich von uns lebte. Es war nicht ungewöhnlich, daß ein Gespräch über eine große Entfernung stattfand, und wir waren daran gewöhnt, glücklich den geschrieenen Mitteilungen zuzuhören, die wir das Lisnasheoga-Telefon nannten.

Paul hatte lange, weiße Haare mit einem dazu passenden Bart und trug eine lose, weiße Flanellweste, die bis an die Knie reichte. Im Sommer zog er seine Hose aus und lief in seinen langen, weißen Unterhosen herum. Draußen auf seiner Wiese bot er dann an sonnigen Tagen einen merkwürdigen, fast biblischen Anblick.

Einmal traf ihn das Unglück, so krank zu sein, daß er ins Krankenhaus mußte. Er kam ins kleine Landkrankenhaus, wo eine despotische Oberschwester mit eiserner Hand regierte. Das heißt, bis sie auf Paul traf. Für einen Mann, der die meiste Zeit seines Lebens unter freiem Himmel zugebracht hatte, bedeutete ein strenges Krankenhausregiment eine neue und unliebsame Erfahrung. Die Oberschwester beharrte darauf, daß das Bettzeug fest untergeschlagen wurde, doch sobald ihre Schwestern für Ordnung gesorgt hatten, zog Paul es schnell wieder heraus. Täglich tobte eine Redeschlacht zwischen Paul und dieser eisernen Dame, die seine schlimmsten Ängste gegenüber Frauen bestätigte. Schließlich schlug eines Tages die Oberschwester eigenhändig das Bettzeug so fest ein, daß Paul beinahe am Bett festgeschnallt war. In einem Tobsuchtsanfall riß er so kräftig am Laken, daß das ganze Bett auf den Kopf kippte. Von dem Begrabenen vernahm die Oberschwester eine Schimpfkanonade, die sie bis dahin nie gehört hatte. Paul gewann die Schlacht, und von da an hing sein Bettzeug lose herunter: ein freies, republikanisches Bett des Widerstands auf einer Station, auf der ansonsten die reinste Diktatur herrschte.

Paul ging nicht zum Gottesdienst. Sein Gott war mit ihm draußen auf den Feldern, und da er nicht allzu viel von seinen Mitmenschen hielt, konnte er nicht einsehen, daß sie ihm irgendwie dabei behilflich sein könnten, in den Himmel zu gelangen. Unser frommer, alter Priester akzeptierte Pauls Einstellung, aber er zog in eine andere Gemeinde, und ein neuer Priester kam, der glaubte, daß Anpassung der Weg zur Erlösung sei. Eines Tages besuchte er Paul zu Pferde. Ohne Paul auch nur die Höflichkeit zu erweisen, vom Pferd abzusteigen, hielt er ihm aus erhöhter Position vom Sattel herunter eine Strafpredigt. Paul hörte wortlos zu, doch als der Priester innehielt, um die Wirkung seiner Worte abzuschätzen, hob Paul eine starke Peitsche, die er immer bei sich trug, und schlug hart auf die Flanke des Pferdes. Der aufgeschreckte Gaul ging durch und war bereits auf halbem Weg zurück zur Stadt, bevor ihn der Priester zum Stehen bringen konnte. Auf diese Weise merkte er, daß Paul ihn um einiges schneller in den Himmel befördern könnte als umgekehrt.

Paul erreichte ein hohes Alter. Trotz seines angeborenen Mißtrauens gegenüber Frauen war es gerade eine Vertreterin des gefürchteten Geschlechts, in Gestalt einer netten Cousine, die ihn am Ende seiner Tage liebenswürdig pflegte. Es ist zu hoffen, daß im Himmelreich für jemanden wie Paul, der nie eingeengt sein wollte, reichlich Platz ist. Vielleicht ist aber auch sein Geist so frei, den Dariglefluß entlang zu wandern, dort, wo er sein Vieh hütete und das Heu einbrachte.

Das Einfache erkennen

Priester, Mann in Schwarz,
Welch eine mächtige Kirche steht hinter dir.
Wir wurden gelehrt, an deiner Hand
Uns führen zu lassen ins Gelobte Land.
Jesus eingesperrt in deinen Institutionen
Mit uralten Gesetzen und Resolutionen,
Vergraben so tief und außer Sicht,
Wir manchmal nicht sehen das strahlende Licht
Hinter dicken Mauern, die hohl innen klingen
Fernabgerückt von den einfachen Dingen.
Vielleicht jedoch ist Er gar nicht dort,
Und die Liebe hat anderswo ihren Ort?
Wandelt er auf entfernten Hügeln,
Um die Menschen zu heilen von allen Übeln?
Ist Er hinausgegangen zu den Massen,
Zu Menschen jeglichen Glaubens, aller Rassen?
Hat Jesus verlassen den finstren Altar,
Um Fisch zu fangen im Wasser so klar?
Lauscht Er dem Gezwitscher der Vögel in Bäumen
Sucht Honig von Bienen, nur in unsren Träumen?
Kann es sein, Ihn in der Natur zu erkennen,
zu dem wir beten und ihn Herrgott nennen?

Mrs. Casey

Mrs. Casey lebte zwei Felder von unserem Haus entfernt. Sie hatte nie von der Emanzipationsbewegung der Frauen gehört, aber sie selbst war eine emanzipierte Frau. Sie war fest in unser Leben einbezogen und begleitete unser Kommen und Gehen. Den Toten erwies sie mit Würde und Liebe die letzte Ehre, und die Neugeborenen hieß sie mit offenen Armen willkommen. Die Säuglinge hatten damals das große Glück, zu Hause geboren zu werden, wo sie nicht allein von den Eltern, sondern auch von den Großeltern, Tanten, Onkeln und fürsorglichen Nachbarn begrüßt wurden.

Acht Generationen unserer Familie haben in unserem Haus gelebt, und Mrs. Casey war zugegen, um den ersten der siebten Generation, den Erstgeborenen meiner Eltern, willkommen zu heißen. Zusammen mit meinem Vater warteten in der besagten Nacht meine Großmutter mütterlicherseits und mein Onkel. Als aber die Hebamme schließlich den neugeborenen Sohn in die Küche brachte, war es Mrs. Casey mit ihrem Sinn für Ort und Tradition, die ihre Arme ausbreitete und sagte: »Willkommen in Lisnasheoga, James Nicholas.« Dies war kein Baby mit Namensschild, dessen Name noch nicht festgelegt war, dies war ein Kind, auf den der Name seines Großvaters wartete und dessen Wurzeln in diesem besagten Haus über viele Generationen zurückreichten.

Nach diesem ersten Sohn bekamen meine Eltern fünf Töchter, was Mrs. Casey als wenig glücklich empfand. Mädchen akzeptierte sie zwar, jedoch ohne große Freude. Dann, in einer kalten Januarnacht, wurde mein jüngerer Bruder Connie geboren. Mrs. Casey hatte einen Heidenrespekt vor den Geistern der Toten und den »kleinen Leuten«, wie sie sie nannte, und als mein Vater auf dem Weg in die Stadt, um den Arzt und die Hebamme zu holen, auch sie benachrichtigte, zündete sie eine geweihte Kerze an. Diese hoch über ihrem Kopf haltend, kam sie von ihrem kleinen Haus ans Bett meiner Mutter, wobei die Kerze noch immer leuchtete. »Sie kamen mit mir, als sie die gesegnete Kerze sahen«, erzählte sie meiner Mutter.

Sie hatte einen starken, bedingungslosen Glauben. Einmal, sie war kurz vor Weihnachten schwer erkrankt und der Arzt hatte ihr Bettruhe verordnet, stand sie am Weihnachtsmorgen auf und erzählte meiner Mutter hinterher: »Ich fühlte, daß ich aufstehen und zur Messe gehen mußte, also schirrten wir das schwarze Pony an. Als ich die Kirche betrat, ging ich zum Weihwasser und wusch mir Gesicht und Hände damit, und alle Kraft floß in mich zurück.«

Sie betete sich selbst gesund. Sie hatte vor nichts Ehrfurcht, außer vor den Geistern aus dem Totenreich und den »kleinen Leuten«. Sie war davon überzeugt, daß die »kleinen Leute« vom Fort unserer Familie halfen. Es lag aber nicht in der Macht von Mensch oder Tier, Mrs. Casey zu ängstigen. Die meisten Frauen erschrecken vor dem Anblick einer Ratte, aber als eine unwillkommenerweise in ihr Schlafzimmer eindrang, rollte Mrs. Casey die Ratte in ein Handtuch und erstickte sie.

Sie betrachtete Kinderlosigkeit als eines der schlimmsten Leiden, das ein junges Paar heimsuchen konnte, und wenn dies einem Paar aus der Nachbarschaft widerfuhr, schrieb sie es der Tatsache zu, daß der Ehemann nur zum Schlafen ins Bett ging. Ich erinnere mich, daß ich als kleines Mädchen gehört hatte, wie sie dies meinem Vater erklärte, der sich köstlich amüsierte, während meine Neugier geweckt wurde und ich Sachverhalte ahnte, die über meinen Verstand gingen. Mrs. Casey war menschlichen Schwächen gegenüber sehr tolerant, und kam das erste Baby bei einem frisch verheirateten Paar vorzeitig, lächelte sie freundlich und sagte: »Ist's nicht großartig, daß sie schon so viel vor der Hochzeit vollbracht haben.«

Sie liebte Kinder, die ihrer Meinung nach nichts Unrechtes tun konnten. Schmollte irgendeines von uns und meine Mutter versuchte, uns den Kopf zurechtzurücken, bemerkte Mrs. Casey: »Laß sie doch!« Das war ihre Philosophie, soweit es um kleine Kinder ging, und wir zitieren ihren Ausspruch heute noch. Mrs. Casey hatte einen starken Glauben an die natürliche Ordnung der Dinge und stillte alle ihre Kinder, wann und wo auch immer es notwendig war.

Sie setzte großes Vertrauen in die Heirat, die nach ihrer Ansicht den Charakter ausbildete. Wenn eine egoistische junge Frau, die immer ihren eigenen Kopf durchsetzen mußte, heiratete, lächelte Mrs. Casey weise und sagte: »Das Baby wird sie auf die richtige Bahn bringen.«

Oder, wenn das Familienoberhaupt höchst schwierig und aggressiv war, bemerkte sie klug: »Sein Selbst wird ihn zur Vernunft bringen. Man braucht immer sich selbst, um sich auszugleichen, denn in den eigenen Adern fließt dasselbe schlechte Blut.«

Den Toten begegnete sie mit liebender Verehrung und einem ganz eigenen Zuvorkommen. Als Mike, ein alter Nachbar, plötzlich starb, tat Mrs. Casey das Nötige. Dieser alte Freund hatte immer einen Hut getragen, und als er in den Sarg gelegt wurde, so erzählte Mrs. Casey meiner Mutter, »sah er derart kalt aus und gar nicht wie er selbst, so ohne seinen Hut. Ich sah mich um, und da keiner seiner eigenen Hüte zu sehen war, nahm ich den kleinen schwarzen, der auf der Anrichte neben mir lag, setzte ihm diesen auf und zog ihn über seine Ohren. Nun sah er besser und mehr nach sich selbst aus, und wir schlossen den Sarg über Mike mitsamt Hut.«

Als der Leichenwagen vom Hof fuhr, kam seine Schwester zurück und suchte ihren Hut. Mrs. Casey erinnerte sich später: »Da wußte ich, daß er zurückkommen würde. Er hatte den Hut und würde für sie zurückkommen.« Seltsamerweise starb die Schwester noch in derselben Woche.

Mrs. Casey arbeitete ihr ganzes Leben lang hart, sowohl im Haus als auch draußen, und kannte nur wenige Annehmlichkeiten. Jedes Jahr mästete sie zwei Schweine in einem Ford-Kleinwagen, der im Garten neben ihrem Haus abgestellt war. Sie verkündeten ihren Hunger, indem sie die Köpfe aus den Fenstern streckten und laut quiekten, um gefüttert zu werden. Hatten sie das richtige Gewicht erreicht, ließ Mrs. Casey sie schlachten und lagerte das eingesalzene Fleisch in Holzfässern zuhinterst in der Küche. Sie liebte ihr Essen und konnte große Mengen fettiges Fleisch vertilgen, litt aber nie an Magenverstimmungen. Zu Beginn ihres Ehelebens machte ihr Mann den Fehler, die Kochkünste seiner Mutter zu preisen. Sie erzählte meinem Vater: »Ich nahm es eine Weile hin, aber eines Tages ging ich in Position und verpaßte ihm einen kräftigen Schlag mit der Linken.«

Sie war Linkshänderin und bezeichnete ihre linke Hand immer als die Linke, beinahe so, als gehörte sie einem anderen. Jedes Problem, das nicht gütlich gelöst werden konnte, brachte die Linke in Aktion.

Ihr Ehemann war ein flinker, kleiner Mann mit einem zierlichen, schwarzen Schnurrbart. Sie bezeichnete ihn stets als »Mein Jack« oder »Mein kleiner Mann«. Er liebte seinen Porter, war aber schon nach zwei Gläsern betrunken. In einer Zeit, als Frauen noch selten einen Pub besuchten, stand Mrs. Casey immer mit den Männern an der Theke und trank ihr Bier. Ähnlich war es bei den Hausmessen, wo die Männer üblicherweise ihr Frühstück zusammen mit den Priestern einnahmen, während die Frauen woanders saßen. Mrs.

Casey unterließ es nie, sich selbst an den Tisch der Priester zu setzen, und stellte sie oft zur Rede über Angelegenheiten in der Gemeinde, die sie für nicht in Ordnung befand.

Jedes Jahr setzte Mrs. Casey vierzehn Reihen Kartoffeln auf einem Acker und grub sie mit einem Spaten aus, während Jack ihr folgte, sie auflas und in einen Eimer warf. Es war ein sehr langes Feld mit einer Erhebung in der Mitte, und manchmal war sie bereits über diese Anhöhe hinweg und Jack außer Sichtweite. Falls mein Vater ihr dann begegnete, schaute sie zurück und sagte: »Er scheitert, mein kleiner Mann scheitert.« Dann, weiter zurück, sagte Jack zu meinem Vater: »Ich muß ihr die Führung überlassen, weißt du. Sie würde sonst denken, sie versagt, wenn sie mir nicht voraus wäre.«

Sie kannten gegenseitig ihre Grenzen und waren sehr glücklich miteinander.

Mrs. Casey erntete Kartoffeln, stach Torf, dünnte Rüben aus und band das Getreide zusammen. Das Getreide mähte mein Vater im Frühherbst mit zwei vor die Mähmaschine gespannten Pferden. Normalerweise wurde damit an einem milden Septembertag begonnen. Eines von uns Kindern saß auf einem Sitz und lenkte die Pferde, während mein Vater auf einem niedrigeren saß und die Garben bündelte. Überall auf dem Feld banden Leute das Korn zu Garben. Mrs. Casey arbeitete hinten auf dem Feld und hatte ihre Bahn immer vor den Pferden freigemacht. Mit dem Mähen wurde am äußeren Feldrand begonnen. Kreisförmig arbeitete man sich nach innen vor. Im Laufe des Tages verwandelten sich die hin- und herwogenden Halme allmählich in goldene Garben, die in Haufen zusammengestellt wurden, bevor die Nacht kam. Mrs. Casey arbeitete den ganzen Tag über schwer, mit ihrer kleinen, stämmigen Statur in einem hin- und herflatternden schwarzen Kittel. Manchmal schallte ihr herzliches Lachen bei einem humorvollen Wortwechsel mit einem Nachbarn übers Feld. Sie verstand ihre Nachbarn gut, und wenn sie jemanden nicht mochte, täuschte sie nie etwas anderes vor. Doch für die, die sie liebte, kannte ihr großzügiges Herz keine Grenzen. Sie brachte Farbe und Reichtum in deren Leben. Sie hatte einen großzügigen Charakter, und trotz der sich ändernden Zeiten blieb sie ganz sie selbst. Sie war eine starke Frau und besaß ihre eigene Lebensanschauung.

Eine bodenständige Frau

Sie war so wirklich
Wie die dunkelbraune
Torfschicht
Mit dem Versprechen
Wärmerer Tage.
Sie war so erdgebunden
Wie eine große Eiche,
Die sich nicht beugt
Den stürmischen Winden.
Sie war so stark
Wie die harten Felsen,
Die trotzen
Der schweren See.
Ihre Seele besaß
Das verschwenderische Glühen
Der schwarzen, reichen
Sinnlichen Erde.

Tee auf der Wiese

Wenn der Sommer gezeigt hatte, daß seine sonnige Seite andauern würde, begannen wir mit dem Heuen. Sobald die Wiesen unter der Sonne honigfarben herangereift waren, ging mein Vater auf den Hof, nahm seine alte Mähmaschine fest an der Deichsel und zog sie vorsichtig unter den überhängenden Bäumen hervor, die sie den langen Winter hindurch geschützt hatten.

Es war eine einfache, solide Maschine mit zwei kleinen Rädern, die von einem Pferdegespann gezogen wurde und für den Fahrer hinten einen erhöhten Sitz bot. Auf einer Seite war das Schnittmesser, das beim Mähen flach am Boden auflag und für die Fahrten von und zu den Wiesen hochgeklappt wurde. Im Innern dieser Schneidevorrichtung befand sich eine lange Klinge, die sich in diamantförmige Schneiden unterteilte. Zuerst ölte und fettete mein Vater die ganze Maschine, die sich während des Winters festgefressen hatte. Danach setzte er sich rittlings auf die Deichsel des Mähers und legte sich die lange Klinge über die Knie. Das Schärfen der Klinge verlangte eine Geschicklichkeit, auf die er besonders stolz war. Er besaß einen langen Wetzstein mit einem Holzgriff, den er zuoberst auf dem hohen Küchenschrank aufbewahrte. Dieser wurde jetzt heruntergeholt und geprüft, und wenn er ihn in tadellosem Zustand vorfand, war dies Anlaß zu großer Zufriedenheit. Es war schwer, sich vorzustellen, was damit nicht hätte in Ordnung sein sollen, aber ich vermute, daß er über die Jahre hatte erfahren müssen, daß sehr wenige seiner Werkzeuge vor seinem energiegeladenen Nachwuchs in Sicherheit waren.

Nun, auf dem warmen, geschützten Hofplatz sitzend, begann er an einem Ende die Klinge Stück für Stück zu schärfen, in einem ausgewogenen Rhythmus, wobei er gelegentlich den Wetzstein in den rostigen Wasserkübel tauchte, der neben ihm stand. Allmählich nahm die rostige, altertümliche Klinge neues Leben an, die Zähne begannen rasiermesserscharf zu glänzen, und den Rand entlang bildete sich eine Linie aus braunem und grauem Schaum, der wie der Schnurrbart eines Riesen aussah. Manchmal saß ich auf dem Boden und sah zu, wie diese tödliche Waffe wieder zu leben begann, voller Ehrfurcht vor ihrer Stärke. Mein Vater hatte uns strengstens über die Gefahren der Landmaschinen und die Benutzung seines Gewehres belehrt, und seine Anweisungen wurden bedingungslos befolgt.

Am nächsten Tag begann das Mähen, nicht bevor die Sonne hoch am Himmel stand und das sanft hin- und herschwingende Gras vom Morgentau getrocknet hatte. Paddy und James wurden eingefangen. Sie waren nach der langen Ruhepause seit dem Pflügen im Frühjahr auf Arbeit erpicht. Das war eine schwere Arbeit in der Kälte gewesen, und die Pferde waren jeweils erst in der Dunkelheit mit schlammverkrusteten Hufen heimgekommen. Die Wiese jedoch versprach weich und angenehm unter den Hufen zu werden. Manch saftiger Biß ließ keine Hungerqual befürchten.

Die beiden Pferde wurden an den Mäher gespannt, und auf der Wiese angekommen, begannen sie die erste Reihe die Gräben entlang zu mähen und setzten dies den ganzen Tag über kreisförmig auf der Wiese fort, mit allmählich kürzer werdenden Runden. Mein Vater hielt stets nach versteckten Vogelnestern Ausschau. Am ehesten wurden solche von Fasanen gefunden. Wenn er Vögel aus dem Heu aufsteigen sah, hielt er die Pferde an, ging ins hohe Gras und hob das Nest sachte auf, um es zum moosigen Graben zu tragen. Trotzdem überstanden einige Nester diesen Transport nicht gut, und so brachte er einmal einige Fasaneneier nach Hause, um sie einer brütenden Henne unterzuschieben. Sie wuchsen zusammen mit deren Küken auf, waren jedoch kleiner und viel lebendiger. Als sie größer waren, trugen wir sie zum Fort, wo verschiedene Fasanenfamilien lebten, und dort kehrten sie zu ihrem eigentlichen Lebensstil zurück.

Das Schnittmesser der Mähmaschine gab ein klagendes Wimmern von sich, das übers ganze Tal getragen wurde und von der arbeitsreichen Zeit erzählte. Und so, Stunde um Stunde, arbeitete mein Vater mit den Pferden in kameradschaftlicher Schweigsamkeit, während um sie herum das feuchte, frischgemähte Gras lag. Als ich am späten Nachmittag mit einer Kanne Tee und selbstgebackenem Brot auf die Wiese ging, wurde ich von einer wilden, süßen Essenz eingehüllt, die feucht und sinnlich war und tiefverwurzelte Gefühle in meinem Innern weckte.

Nun saß mein Vater in einer schattigen Ecke unter einem Baum und trank seinen Tee direkt aus der Kanne, während die Pferde ebenfalls rasteten, das frischgeschnittene Gras kosteten und mit den langen Schweifen um sich schlugen, um die Fliegen zu verscheuchen. Ich erkundete die soeben bloßgelegten Gräben um die Landspitze, wie wir die äußeren Ränder der Wiesen, nachdem das erste Gras geschnitten war, bezeichneten. Auf manchen Wiesen floß ein Bach den Graben entlang, und es trieben dort allerlei Arten interessanter Insekten, die durch darübergewachsenes Gras und Farn geschützt waren. Früher im Jahr war an diesen Stellen auch das Quaken der Frösche zu hören gewesen, und eine geleeartige Substanz mit einer Fülle schwarzer Punkte, die winzige Beine hinter sich herzogen, trieb im Wasser entlang, Frösche in neugeborenem Stadium. Jene winzigen Kaulquappen, die sich aus diesem wabbelnden Morast gewunden hatten, waren jetzt zu Fröschen in allen Größen und Farben herangewachsen: Man fand gelbe, grüne und manchmal auch schwarze Frösche, die in den feuchten Gräben der Wiesen herumhüpften.

Die Hasenfamilien lebten auf der anderen Seite der Wiesen, wo das Gelände trockener war. Das Wimmern der Mähmaschine und die unerwartete Betriebsamkeit in ihrer ruhigen Ecke hatte sie unter die Erde getrieben, doch nun, während der vorübergehenden Ruhepause, wagten sie sich hervor, um nachzusehen, was vor sich ging. Sie standen wie erstarrt, so erstaunt waren sie darüber, wie verändert sich ihre vertraute Umgebung präsentierte. Das hohe, schutzgebende Gras war weg, und die ganze Wiese lag nun frei zugänglich vor ihnen. Dann aber erblickten sie die Pferde und Menschen, rissen aus und verschwanden. Zweifellos kehrten sie erst zurück, wenn alles wieder ruhig war und ihr Reich nicht länger von menschlichen Eindringlingen gestört wurde.

Eine der Wiesen besaß eine Hecke aus Geißblatt, das einen milden, wilden, berauschenden Duft ausströmte, der sich mit dem Geruch des frischgemähten Grases mischte. Man mußte unwillkürlich stillstehen und die Augen schließen, um dieses Dufterlebnis voll genießen zu können.

Fuhr mein Vater mit dem Mähen fort, blieb ich für gewöhnlich dort und spazierte herum. Ich erforschte die moosigen Gräben und pflückte Wiesenblumen, bis der letzte Halm fiel und die Arbeit für diesen Tag beendet war. Das lange Schnittmesser wurde hochgeklappt, die Pferde fühlten das plötzliche Nachlassen der zuvor straff gespannten Ketten und liefen munter zur Senke, von der aus sie heimwärts kamen. Dort floß frisches Quellwasser, das sie tranken und mit ihren bebenden Nüstern versprühten. Zurück auf dem Hof, wurden sie von ihrer Last, der Mähmaschine und dem Geschirr, befreit und trotteten dann in die Freiheit der grünen Felder davon, mit dunklen Schweißflecken vom Geschirr, die zeigten, daß sie einen heißen Arbeitstag auf den Wiesen hinter sich hatten. Oft legten sie sich ins kühle Gras, rollten auf den Rücken und strampelten mit den Beinen in der Luft herum. Dann wälzten sie sich wieder, sprangen auf und galoppierten herum, wobei sie über die Befreiung von hinderlichen Seilen und Ketten frohlockten.

Der nächste Schritt der Heuernte hing vom Wetter ab. War dies alles andere als perfekt, mußte das Gras unzählige Male gewendet werden, manchmal von Hand mit der Gabel, weil die auf der Oberfläche trokkenen Heuschwaden an der Unterseite feucht waren und der Sonne zugekehrt werden mußten – ein langsamer und eintöniger Vorgang, der Blasen an unseren kleinen Händen erzeugen konnte, weil wir nicht an ein langes Hantieren mit der Heugabel gewöhnt waren. Die Eintönigkeit wurde aber durch die Kameradschaft der vielen Leute, die zusammen arbeiteten, aufgelokkert.

Oft wurde die Arbeit von einer Maschine geleistet, die treffend Heuwender genannt wird. Warum dieser nicht immer benutzt werden konnte, fand ich schwer zu verstehen, aber vielleicht war manchmal Menschenkraft reichlicher vorhanden als Pferdekraft. Der Heuwender war eine seltsam aussehende Maschine, mit zwei extrem hohen Eisenrädern. Vorne befanden sich zwei Holzstangen und auf der Rückseite zwei riesige Eisenspinnen, die sich schnell drehten und das Heu in alle Richtungen schleuderten. So wurde es der Sonne und Luft zum Trocknen ausgesetzt. Ein Pferd zog den Heuwender, und der Fahrer saß auf einem eisernen Sitz, hoch über den sich drehenden Spinnen.

War das Heu trocken genug, wurde es zusammengeharkt. Die Maschine dafür ähnelte dem Heuwender, zog aber einen riesigen Rechen hinter sich her. Dieser harkte das Heu zusammen, dann zog der Fahrer an einem Hebel, der den Rechen anhob und das Heu in einer sauberen Reihe liegenließ. Darauf senkte sich der Rechen erneut, um die nächste Reihe zusammenzuharken. Ziel war es, daß jede Reihe parallel zur vorhergehenden lag, was haargenaues Lenken und eine gute Pferdeführung erforderte. Wurde das angestrebte Resultat vom Fahrer nicht erreicht, war er den zahlreichen abfälligen Kommentaren der mitarbeitenden Leute ausgesetzt.

Und so sind wir endlich beim eigentlichen Heumachen angelangt. Der Zeitraum zwischen dem Mähen und dem Einbringen des Heus konnte zwei Tage, aber auch zwei Wochen betragen, je nach Wetter, aber je kürzer der Zwischenraum war, desto besser wurde das Heu. Heu, das unter der heißen Sonne schnell getrocknet war und alle Spuren von Grün und Feuchtigkeit verloren hatte, war dem dunkelbraunen weit überlegen, welches Regen aufgesogen hatte und zum nochmaligen Trocknen mehrfach ausgeschüttelt werden mußte. Heuen und nasses Wetter waren keine guten Arbeitskollegen, denn sie verwandelten ein angenehmes Erlebnis zu einer sich in die Länge ziehenden Plackerei.

Wie auch immer, schien die Sonne, waren all diese Schwierigkeiten schnell vergessen. Wenn die Schwaden bereit zum Einbringen waren, lag die Wiese voll von blondem, gekräuseltem Heu. Sein Geruch hatte sich verändert, er war während des Trocknens aromatischer und abwechslungsreicher geworden. An dem Tag, als die Wiese geschnitten wurde, hatte es einen wilden, süßen Duft gehabt, der die Nase mit der Essenz des Sommers füllte.

Ein Tag auf der Wiese verhieß Sonnenschein und Schweiß, harte Arbeit und Glück. Grassamen und unzählige Insektenarten verfingen sich im Haar und klebten am feuchten Rücken. Gewöhnlich gingen wir barfuß und wurden von zahllosen Dornen gestochen, aber die Pein wurde erleichtert durch das weiche Gefühl der moosigen Stellen unter unseren Füßen, und wir entwikkelten einen sechsten Sinn, wo es sicher war, hinzutreten. Glücklicherweise lagen einige unserer Wiesen beim Fluß. Oh, wie groß war die Freude, an einem heißen Tag ins eiskalte Wasser zu tauchen und sich von den schwitzigen Unannehmlichkeiten zu befreien.

Ein Apparat, den wir »Purzelnder Paddy« nannten, wurde dazu benutzt, die Heuschwaden zu großen Haufen zusammenzutragen. Vollständig aus Holz gefertigt, sah er wie ein riesiger Kamm aus, der auf der Rückseite zwei Griffe besaß, und wenn er bis zum Überlaufen voll Heu war, wurden die Griffe nach vorne geworfen, so daß der Kamm überkippte und sämtliches Heu herausfiel. Dies wurde als Grundstock für die Heuhaufen benutzt. Wenn ein Hügel geformt war, stellte sich jemand auf ihn und trat das Heu zusammen, während der »Purzelnde Paddy« mehr Heu anbrachte, das hinaufgegabelt wurde, bis der Haufen allmählich hoch und kegelförmig war.

Auf dem Heuhaufen zu stehen war eine Arbeit für jemanden, der leicht und beweglich war. Heugabelladungen wurden hinaufgeworfen, die man unter die Füße zu ziehen hatte, um dann darauf herumzutanzen, damit diese schwankende Kreation festgepreßt wurde.

Manchmal verdeckte das Heu einen stechenden Dornenstrauch oder einen weichen, gelben Frosch, was zu einem nicht geplanten hohen Sprung veranlaßte. Lief jedoch alles nach Plan und hatte der Heuhaufen die richtige Höhe erreicht, rutschte man auf einer Seite hinunter. Anschließend wurde er vom noch losen Heu befreit und zuletzt alles zusammengebunden. Ein Heubündel, das fest am Grund des Heuhaufens verankert war, wurde mit Heuschnur umwickelt und verknotet. Das Schnurknäuel wurde dann über den Haufen geworfen und die Schnur auf der anderen Seite verknotet. Dies wurde kreuzweise wiederholt, bis alles fest saß.

Und so ging es den ganzen Tag weiter, Heuhaufen um Heuhaufen, während wir von der Hitze, die auf uns niederdrückte, erhitzter und durstiger wurden. Dann hörten wir eine Stimme, die voller Begeisterung schrie: »Der Tee kommt!«

Gewöhnlich brachte meine Mutter den Tee in einem weißen Emailleeimer und manchmal auch noch einen

Blechkanister dazu. Wir machten es uns auf verschiedenen Heuhaufen bequem und reichten die Tassen mit dem Tee und Scheiben vom selbstgebackenen Weizenschrotbrot herum. Gierig starrten wir auf den Korb meiner Mutter, und meist trumpfte sie mit einem großen, saftigen Apfelkuchen auf. Es wird gesagt, Hunger sei der beste Koch, aber Hunger und Durst machten den Teeimbiß auf der Wiese sogar zu einem Festessen besonderer Qualität, wie Manna in der Wüste. Das Aroma des süßduftenden Heus mischte sich mit dem Tee, lustige Geschichten und Rätsel sorgten für viel Gelächter und Spaß, und das ganze Ereignis nahm die Atmosphäre eines vergnügten Picknicks an.

Nach dem Tee gingen wir mit neuem Schwung an die Arbeit, und allmählich wuchsen die Heuhaufen um uns herum wie Miniaturpyramiden. Gegen Abend, als die Schatten auf dem Feld länger wurden, sammelten wir unsere Rechen und Heugabeln ein, und zusammen mit den Pferden begaben wir uns erschöpft auf den Heimweg. Trotzdem schrie manchmal eines der energiegeladeneren Familienmitglieder: »Wettrennen nach Hause!«, und wir rannten alle los, die Erschöpfung war vergessen im Wettkampf, der erste zu sein, der zu Hause ankommt.

Mein Vater blieb, rechte weiter und zurrte die Heuhaufen mit fester Heuschnur zusammen. Oft sah ich ihn in der Dämmerung des Abends am Rande eines Feldes stehen und die Heukegel zählen, Genugtuung über die gut gemachte Arbeit ausstrahlend.

Nachdem die Arbeit auf den Wiesen beendet war, wurde das Heu in die Scheune eingefahren, worüber wir uns alle freuten. In der Luft lag ein Gefühl der Zufriedenheit darüber, daß die Scheune voll und wir auf den Winter vorbereitet waren. Neben den Grundbedürfnissen seiner Familie lag dem Farmer das Wohlergehen der Tiere am Herzen, und es war die Angst eines jeden Farmers, in der harten Winterzeit nicht genügend Futter für die Tiere zu haben. Mein Vater hatte nach dem Tod meines Großvaters die Farm mit sechzehn Jahren übernehmen müssen. Sein erster Winter war lang und kalt gewesen, und er hatte zuwenig Heu für die Tiere gehabt. Es war ein grausames Erlebnis für einen so jungen Mann, und er vergaß es nie: Seitdem gab es nun an jedem Winterende in unserer Scheune einen überschüssigen Heublock, ein Denkmal für die schwerverdiente Lektion meines Vater.

Das Heu wurde vom Pferd auf dem Heulader heimgezogen – einer großen Platte aus festem, solidem Holz mit zwei eisernen Rädern und zwei Stangen an der Vorderseite. Auf der Wiese wurde er nach hinten gekippt, so daß die Hinterseite der Platte am Fuß des Heuhaufens lag. Dann wurden die dicken Taue, die auf einer eisernen Winde vorne am Heulader aufgerollt waren, abgewickelt und um den Heuhaufen gebunden. Die Winde wurde gedreht, wodurch das Tau aufgerollt wurde und den Heukegel auf die Ladefläche beförderte. Das Pferd zog dann die Ladung heim, wobei der Fahrer auf der Deichsel saß, während wir Kinder oben auf dem Heuhaufen Platz nahmen und die Füße baumeln ließen. Die Fahrten auf dem Heulader waren ein Bestandteil unserer Sommervergnügungen auf der Farm.

An der Scheune angekommen, wurde die Ladung abgekippt. Während der Mann mit dem Pferd das nächste Fuder holen fuhr, machten die Arbeiter an der Scheune den Platz für seine Rückkehr frei. Gewöhnlich gabelte mein Vater das Heu auf, einer von uns nahm es ihm ab und reichte es einem dritten, der es weiter hinten aufstapelte. Solange das Heu in der Scheune niedrig lag, war die Arbeit leicht, aber mit zunehmender Menge wurde es schwerer, und wir mußten schnell arbeiten, wenn wir vor der nächsten Fuhre eine Ruhepause haben wollten. Von den Feldern unten am Fluß war es ein langer Weg, und wir fanden Zeit für unsere Bücher, die wir auf die Dachbalken gelegt hatten. Wenn aber das Heu von den nahegelegenen Feldern um das Haus herum kam und der Tag heiß und die Scheune fast voll war, rann uns der Schweiß über den Rücken, der Staub klebte an uns, und die Grassamen gelangten in Haar und Kehle. Dann waren die Pausen zwischen den Fuhren viel zu kurz.

Der Tag, an dem der letzte Heuhaufen eingebracht wurde, markierte das Ende der Heusaison. Jetzt war die Scheune mit weichem, goldenem Heu gefüllt, und unsere Tiere waren sicher gegen die Unbilden des Winters, ganz gleich, wie hart er sein mochte.

Frei, Kinder zu sein

Gebt unseren Kindern
Zeit, Kinder zu sein,
Um die Wunder zu genießen,
Die die ihren sind.
Zu blühen in der Welt
Ihrer Einfachheit,
Ungetrübt
Von den Schatten,
Die die unseren sind.

Laßt sie sich baden
In der Wärme ihres Sonnenscheins,
Reinigen durch
Die Sanftheit ihrer Tränen,
Geküßt sein
Von den Schönheiten der Natur.
Laßt sie frei sein
In dem Königreich,
Das das ihre ist.

Ihre Schönheit
Ist die Reinheit
Des Himmels,
Unbelastet
Von der Garstigkeit der Erwachsenen.
Oh, laßt uns nicht zerstören

Ihre Einfachheit.
Wir können niemals
Verbessern,
Was sie besitzen.

Ferien in Ballybunion

War das Heu eingebracht und die Scheune voll, wurde es Zeit für Ballybunion, bevor uns der Gedanke an den Schulbeginn mit Grausen befiel. Nicht die gesamte Familie verreiste. Nach dem Dreschen fuhr mein Vater alleine weg, wenn die Listowel-Pferderennen stattfanden, während sich meine Mutter mit den beiden Jüngsten im August nach Ballybunion aufmachte, wo wir zuerst in den uns bekannten Pensionen nach einem Zimmer suchten. Es fand sich immer eine, die noch Platz hatte. Einige waren ganz normale Gästehäuser, es gab jedoch auch andere, in denen man die eigenen Lebensmittel abgeben konnte, die dann für den Gast zubereitet wurden. Da sie normalerweise einige Familien zur gleichen Zeit beherbergten, weiß ich nicht, wie sie alles auseinanderhalten konnten.

In den Pensionen trafen wir zahlreiche Familien, von denen wir einige aus früheren Jahren kannten. Ich erinnere mich an eine Familie mit Kindern wie die Orgelpfeifen, und sie hatten eine Mutter, die nie zu schreien aufhörte.

Damals waren keine Waschbecken mit fließendem Wasser in den Schlafzimmern, statt dessen gab es große Krüge mit Waschschüsseln sowie Emailleeimer, in die das gebrauchte Wasser geschüttet wurde.

Eines Morgens war diese sonderbare Familie eben dabei, den Eimer mit dem schmutzigen Wasser die

Treppe hinunter zu tragen, als sie auf der obersten Stufe zu streiten begannen. Der Eimer kippte um und polterte die Treppe hinunter, wobei das Wasser in alle Richtungen spritzte: Dies gab ihrer Mutter wieder einen Anlaß zum Schreien!

Die wichtigste Sache nach der Ankunft in Ballybunion war aber der Gang zum Tricky-Tracky-Laden, um Eimer und Schaufeln zu kaufen. Tricky-Tracky war ein wunderbares Geschäft voller Firlefanz für den Strand, und immer stand ein kleines, mit leuchtenden Farben bemaltes Karussell auf der niedrigen Mauer vor dem Laden, das sich in der Brise drehte. Das erste Einatmen der Meeresluft bedeutete den Himmel für unsere Nasenlöcher. Wir sahen die Esel mit ihren Ladungen von Seetang auf dem Karren den Strand entlangtrotten. Sonnenbäder langweilten uns. Statt dessen kletterten wir auf den Felsen herum, erforschten feuchte, unheimliche Höhlen und füllten den langen, warmen Tag mit unzähligen Aktivitäten. Nach dem Frühstück gingen wir direkt an den Strand und verließen ihn, die Mahlzeiten ausgenommen, nie, bevor es dunkel wurde.

Die Klippen an der Landzunge von Ballybunion sind wild und wunderschön, aber auch sehr gefährlich für den Unachtsamen. Meine Mutter warnte uns immer vor den Gefahren, aber ihre Warnungen gingen zum einen Ohr hinein und zum anderen wieder hinaus. Für uns bedeutete das Meer ein großartiges Vergnügen, wir planschten darin herum, tauchten unter den Wellen hindurch und bekamen den Mund voll Salzwasser. Es gab eine riesige Felsgruppe, die Black Rocks hieß und bei Flut vollständig im Wasser verschwand. Bei Ebbe aber blieben kleine Tümpel mit warmem Wasser zurück, die vielen kleinen Meerestieren Schutz boten. Wir liebten es, dies alles zu erforschen, und sammelten Muscheln und Seegras.

Das »Loch der neun Töchter« war unsere Horrorkammer. Es gab dazu eine Legende, die besagte, daß ein Mann seine neun Töchter darin ertränkt hätte, weil sich alle geweigert hätten, einen Mann seiner Wahl zu heiraten. Ich glaubte aber insgeheim, daß neun Töchter jedem Mann zuviel sind und er deshalb zum Berserker wurde. Uns war es strengstens verboten, dorthin zu gehen, aber natürlich hielten wir uns nicht daran.

Es war ein riesiges, klaffendes Loch, das ein gutes Stück hinter dem Klippenrand lag. Trotzdem hatte sich das Meer seinen Weg durch die Felswände gegraben und tobte dort mit bedrohlichem Brausen. Ich fühlte immer, wie sich mir die Haare sträubten, wenn wir uns auf den Bauch legten und über den Rand hinunterspähten. Schaute ich an den senkrecht abfallenden schwarzen Felswänden entlang auf das graue Meer, das hinein- und hinausströmte, ließ die Möglichkeit herunterzustürzen, mir den kalten Schweiß auf die Stirn treten.

Manchmal gingen wir abends, wenn wir versprochen hatten, uns anständig zu benehmen, zur Skooterbahn. Jedes Auto faßte zwei Personen, aber auch so war es für unsere Verhältnisse teuer, und wir konnten nicht sehr oft hingehen. Sie war in einer großen Halle, in der es auch andere Spiele und Kinderbelustigungen gab. Hier erlebte ich zum ersten Mal Unredlichkeit.

Ich besaß eine silberglänzende halbe Krone, die ich für den Fall aufbewahrte, daß etwas Besonderes eine große Ausgabe erforderte. Mein Vater hatte sie mir vor der Abreise gegeben, und jetzt nahm ich sie ab und zu aus meiner Tasche, um den Reiz, soviel Geld zur Verfügung zu haben, auszukosten.

Ein großes Mädchen begann auf mich einzureden und erzählte die traurige Geschichte, daß sie kein Geld habe, weil ihre Mutter fort wäre und erst am nächsten Tag zurückkäme. Würde ich ihr meine halbe Krone geben, so versicherte sie, bekäme ich sie am nächsten Abend zurück. Meine halbe Krone und ich trennten uns voneinander. Am nächsten Abend war keine Spur von meiner neuen Freundin zu sehen, und in der darauffolgenden rannte sie davon, als sie mich sah. Es war mir nie in den Sinn gekommen, daß sie das Geld nicht zurückgeben könnte, aber jetzt fiel der Groschen. Ich hatte meine halbe Krone verloren, was schmerzlich war, aber ich fühlte mich auch auf eine Weise hintergangen, die völlig neu für mich war.

Die alten Wanderbühnen gastierten über die Sommermonate in Ballybunion und brachten eine neue Dimension in meine Vorstellungswelt: Jeden Abend öffnete sich eine neue Welt vor meinen Augen. Ich versenkte mich in jede Aufführung und sog die verschiedenen Gefühlsregungen auf, die dem Rampenlicht entsprangen, das Stück aber, das bei mir den größten Eindruck hinterließ, war »Meine Cousine Rachel«. Wie litt ich mit der jungen Frau und verabscheute die schwarzgekleidete, bedrohliche Haushälterin. Und doch, die Person, die es mir wirklich antat, war der Hauptdarsteller, der mein Herz eroberte. Es war der Aufschrei erster junger Liebe, und ich war zwischen Qual und Verzückung hin- und hergerissen.

Meine Mutter verbrachte ihre Tage damit, in einer sonnigen Bucht auf einer Wolldecke zu sitzen, wo sie vielen alten Freunden begegnete. Ballybunion war zu jener Zeit das Ferienzentrum von Cork, Kerry und Limerick, deshalb traf sie viele entfernte Verwandte und »Beziehungen«. Meine Mutter war die einzige Person, von der ich je diesen Ausdruck hörte: Es war die Bezeichnung für jemanden, dessen Familie durch Einheirat mit unserer verbunden war. Es war keine Blutsverwandtschaft, aber sie wurden von ihr noch zum äußeren Rand unseres Familienkreises gezählt. Sie liebte es, mit Leuten zu plaudern, und hörte auch den langweiligsten alten Weibern stundenlang ununterbrochen zu und hatte für all ihre traurigen Geschichten Verständnis.

Sie traf aber auch einige interessante Persönlichkeiten. Ich erinnere mich an eine glückliche, dicke Dame, die keinen Badeanzug besaß und in einem überquellenden Büstenhalter und großen rosa Schlüpfern ins Meer ging. Sie schwamm wie ein riesiger Fisch und zog einen so weit ins Meer hinaus, daß einem nur die Wahl zwischen Untergehen oder Schwimmen blieb. Ein anderer Quell der Unterhaltung waren die dickbäuchigen Männer und Frauen mit riesigem Hinterteil; nacktes Fleisch wurde damals in Irland selten zur Schau gestellt. Wir hörten diesen Fremden zu und fanden den Akzent von Kerry weich und schmeichelnd. Die Leute aus Limerick aber sprachen das »Sind Sie für vierzehn Tage hier?« in einer Weise aus, die wir endlos nachäfften.

Während der gesamten zwei Wochen trugen wir nie Schuhe in Ballybunion, abgesehen vom Besuch der Kirche, in die wir unter Protest jeden Morgen von unserer Mutter mitgeschleppt wurden. Für sie war es einfach wunderbar, täglich die Messe hören zu können, was von uns gerade nicht behauptet werden kann. Der Strand sah jedenfalls zu diesen Morgenstunden ruhig und friedlich aus, und es war ein großartiges Gefühl, runterzurennen und als erster seine Fußabdrücke auf dem weitausgedehnten goldenen Sand zu hinterlassen.

Meine Mutter ging auch abends in die Kirche, um den Rosenkranz zu beten, und wenn es mich langweilte, verließ ich sie und ging auf Streifzug. Religion, so entdeckte ich, konnte eine zeitraubende Angelegenheit sein. Der Kirche gegenüber befand sich ein großes Stück Brachland, das von Unkraut und Dornensträuchern überwuchert war, und seltsamerweise stand genau in seiner Mitte eine hellrote Blume. Ich saß auf der Mauer und ließ meiner Phantasie freien Lauf: In einer Geschichte war ich ein Waisenkind auf einer verlassenen Insel, das sich in eine rote Blume verwandelte. Das Beten meiner Mutter ließ mir viel Zeit zum Träumen.

Am Ferienende kamen wir sonnengebräunt nach Hause, und mein helles Haar war von der Sonne weiß gebleicht. Wir waren bereit für die Schule, sahen ihr jedoch mit Widerwillen entgegen.

Eine Erinnerung

Unkraut erstickte das Brachland
Und wuchs ihm über den Kopf,
Doch inmitten dieser Verwüstung
Eine Blume von goldenem Rot.

Das kleine Kind kam jeden Tag,
Die Szene still zu bestaunen.
Die Blume das Lieblichste war,
Was es je gesehen hatte.

Die Blume schlug Wurzeln und blühte.
Wuchs auch in seinem Inneren
Führte es zu schönen Dingen
Noch lange nach ihrem Tod.

Zur Schule durch die Felder

Zur Schule zu gehen und wieder heimzulaufen machte so viel Spaß, daß die Schule selbst zu ertragen war. Mein Haupteinwand gegen die Schule war, daß ich dort sein mußte. Zum ersten Mal wurden meiner Freiheit Grenzen gesetzt, und ich brauchte lange, um zu akzeptieren, daß es keinen Ausweg aus dieser Falle gab. Durch ein rückwärtiges Fenster im Schulhaus konnte ich in der Ferne mein Zuhause sehen, mit den ausgedehnten, einladenden Feldern dazwischen und dem im Tal glitzernden Darigleфluß. Im Geist ging ich häufig durch jenes Fenster auf Heimreise. Dabei wünschte ich nicht so sehr, zu Hause zu sein, als vielmehr in Freiheit durch die Felder streifen zu können. Ich beneidete die Freiheit der Krähen auf den Bäumen vor dem Fenster, die kamen und gingen, wie es ihnen beliebte.

Aber die Schule wurde zu einem akzeptierten Bestandteil meines Lebens, und auch wenn es schwarze Tage gab, hatte sie auch ihre guten. Die schrecklichen waren hauptsächlich im Winter, wenn wir aus den Feldern mit durchnäßten Stiefeln ankamen und in der eisigen Kälte sitzen mußten, wobei der rauhe Wind unter der Tür hindurch und durch die Bodendielen fegte. Das Schulhaus war ein altes, steinernes Gebäude mit großen, klappernden Fenstern und schwarzen Spinnweben an den Deckenbalken, und wenn der Wind heulte, ächzte und knackte das ganze Gebäude. Im

Fußboden gab es große, klaffende Löcher, aus denen gelegentlich eine Ratte hervorguckte, um am Unterricht teilzuhaben.

Die damaligen Unterrichtsmethoden basierten auf Wiederholung: Alles wurde so oft heruntergebetet, daß es in unseren uninteressierten Verstand eindringen mußte. Unsere Wahrnehmungsfähigkeit wurde gelegentlich durch einen harten Schlag auf die Finger mit der Haselnußrute erhöht. Man hatte keine andere Wahl, als zu lernen, und je eher man dies akzeptierte, desto konfliktloser wurde das Leben. Bei allem waren die meisten der Lehrer so nett, wie es das System zuließ, doch saß ihnen die Schulaufsicht im Nacken und und gleich danach die Priester, die unser religiöses Wissen überprüften. Ich war in der dritten Klasse, als mit finsterer Miene ein Priester mit seinen ein Meter achtzig auf mich herabsah und zu wissen verlangte: »Was ist Transsubstantiation?«

Der Unterricht war gewiß nicht kindgemäß ausgerichtet, aber unsere Lebensart wog seine Unzulänglichkeiten auf. Manchmal, obwohl wir uns dessen nicht bewußt waren, versuchten wir unsere Lehrer zu erziehen, besonders jene, die nur stundenweise unterrichteten und aus den nahegelegenen Städten kamen. Eine von ihnen gab uns einen Aufsatz mit dem Thema »Leben auf der Farm« zu schreiben. Ich liebte das Aufsatzschreiben, und mein Problem war nicht der Anfang, sondern der Abschluß. Meine Aufzeichnungen enthielten auch eine Schilderung des Sexuallebens einer Kuh, und als ich den Aufsatz von der Lehrerin zurückbekam, fand ich diese Stelle mit Rotstift eingekreist. Eine rote Markierung wies auf einen Fehler hin, und so schlug ich jedes Wort wegen seiner Schreibweise in meinem Wörterbuch nach, entdeckte aber nichts Falsches. Am folgenden Schultag fragte ich die Lehrerin, was nicht in Ordnung sei.

»Dieser Satz sollte weggelassen werden«, antwortete sie.

»Aber warum?« fragte ich.

»Er ist nicht angebracht«, sagte sie und sah mich mit einem befremdeten Blick an.

Ich kam völlig verwirrt nach Hause und erklärte meiner Mutter die Sache. Sie las meinen Aufsatz, lächelte und bemerkte: »Für Menschen mit einem anderen Hintergrund ist nicht immer alles verständlich.« Ich brauchte noch einige Jahre, bis ich verstand, warum die Lehrerin es nicht verstanden hatte.

Unsere Schule war gemischt, und das kam allen entgegen, weil die Familien und Nachbarn nicht getrennt wurden, sondern gemeinsam zur Schule gehen konnten. Die Jungen spielten auf der einen Seite des Hofes Fußball und die Mädchen auf der anderen Katz und Maus. Hinter der Schule befanden sich, durch eine Steinmauer voneinander getrennt, die Toiletten für Jungen und Mädchen, die aus einer Holzbank mit einem kreisrunden Loch, groß genug für jegliches Gesäß, bestanden. Der kleine Toilettenbau war nur teilweise mit Zinkblech eingedeckt, aber durch den ungehindert wuchernden Efeu war er mit den Jahren vollständig überdacht worden.

In der Schule gab es nur zwei Räume. Der Rektor hatte ein Zimmer für sich allein, das zweite Zimmer teilten sich die beiden anderen Lehrkräfte: Der eine unterrichtete die Vorschüler und die erste Klasse in der einen Hälfte, der andere die zweite und dritte Klasse in der anderen. Es gab keinen Lehrplan, und langweilte einen der eigene Unterricht, konnte man dem in der anderen Zimmerhälfte zuhören – mit dem Risiko, sich eine Ohrfeige einzufangen, falls man dabei ertappt wurde.

Wir verzehrten unser Mittagessen, das aus einer Flasche Milch und zwei Scheiben selbstgebackenem Weizenschrotbrot bestand, an einem grasüberwachsenen Graben, der um die Schule herum verlief, und fütterten mit den Krümeln die Vögel. Im Winter wärmten wir die Milchflaschen während der Unterrichtsstunden am Feuer, und oft hörten wir, wie die Korken infolge der Hitze aus den Flaschen knallten, und wenn der Korken nicht wegfliegen konnte, weil er festgeschraubt war, gab es eine kleine Explosion und einen Milchsee.

In einem Häuschen, das in der Nähe der Schule lag, holten wir jeden Tag eine Kanne Tee für die Lehrer, eine willkommene Abwechslung, besonders im Sommer. Wir gingen einen schmalen Pfad hinunter, der zu einem langen Garten voller Gemüse, Obstbäume und Blumen führte. Diese Blumen überwucherten die Wege und kletterten an den Fenstern entlang bis zum

Strohdach hinauf; das Häuschen war beinahe unter Blumen begraben.

Kam man die Stufen hinunter durch die Eingangstür, betrat man eine andere Welt. Im Innern des Hauses war es schattig, und es lag etwas Geheimnisvolles in der Luft, weil der ganze verfügbare Raum mit den Schätzen des alten Ehepaares, das hier lebte, gefüllt war. Überall duftete es nach Blumen, und auf dem Tisch standen Schalen mit frischem Obst aus dem Garten. Kam man in die Küche, wurde einem ein strohgeflochtener Stuhl angeboten, und man erhielt eine Tasse kochendheißen Tee mit Ziegenmilch sowie eine Scheibe Brot mit einer dicken Schicht hausgemachter Marmelade. Hinterher gab es eine Handvoll Erdbeeren oder Himbeeren, die weich und saftig waren. Das kleine Fenster an der Rückseite des Hauses war mit einem Spitzenvorhang, der mit Bändern zurückgebunden war, geschmückt, und sah man durchs funkelnde Glas, konnte man den hinteren Garten sehen, der genauso üppig und farbenprächtig wie der Vorgarten war. Ein Traum von einem Landhaus, und John O' und Mrs. O', ein sanftes, ruhiges Paar, waren die idealen Bewohner. Sie trug einen langen Rock und ihr Haar in Schnecken, er war ein zierlicher, kleiner Mann mit einem schwarzen Schnurrbart und trug stets einen Marine-Anzug. Die Ausflüge zu John O's Landhaus heiterten so manchen sonst eher eintönigen Schultag auf.

An Wintermorgen hatte der Schulweg durch die grau gefrorenen Felder seinen eigenen Reiz. Die

Büsche und Dornensträucher nahmen in ihrer gefrorenen Starrheit unheimliche Formen an, und die Bäume glitzerten und glichen mit ihren ausgestreckten Armen anmutigen Ballerinen. Am Boden knirschte das Gras unter unserem schweren Lederschuhwerk. Die morastigen Gräben, durch die sonst die Kühe wateten und bis zu den Knien einsanken, hatten sich auf eine seltsame Art in eine gefrorene Masse mit faszinierenden Mustern verwandelt. In ihrem gefrorenen Zustand konnte man von einem sonderbar gemusterten Gebilde zum nächsten tanzen oder versuchen, mit den Stiefelabsätzen das Eis zu zersplittern und eigene Muster zu gestalten.

Das graue, gefrorene Land war viel interessanter und angenehmer als seine winterliche Regenvariante. Dann konnte man auf dem feuchten Gras ausrutschen und mußte den Tag über auf einem nassen Hintern sitzen. Oder ein unachtsamer Schritt konnte einem beim Durchschreiten der Gräben mit Wasser und Schlamm gefüllte Stiefel bescheren. Wir hatten mit zwei Wasserläufen zu kämpfen, die größer und reißender als Bäche, aber kleiner als Flüsse waren. Jetzt waren sie durch die Schneeschmelze angeschwollen und sorgten so für eine zusätzliche Gefahr. Wir überquerten sie Schritt für Schritt auf den Steinen, die noch aus dem Wasser ragten, und die braune, schäumende Flut wirbelte um unsere Stiefel. Ich hatte vor Augen, wie ich von einem der Steine abrutschte und vom rauschenden Wasser das Tal hinuntergeschwemmt wurde, aber irgendwie überlebten wir all diese Bedrohungen des Winters: Sie verliehen dem Weg durch die Felder jeden Tag etwas Abenteuerliches.

Endlich wurde es Sommer. Wir begrüßten ihn und mit ihm die Befreiung von den Fesseln des Winters. Hatten sich die warmen Tage endgültig durchgesetzt, warfen wir die schweren Stiefel und die langen schwarzen Strümpfe beiseite und tanzten mit Wonne durchs warme Gras. Am Morgen waren die Felder feucht, und der Tau lief über unsere bloßen Beine und prickelte zwischen den Zehen. Spinnweben glitzerten in den Büschen, überzogen das Gras wellenartig und verbanden Felder und Gräben zu einem schimmernden Netz. Die Sonne wärmte uns und ließ den Weg erglühen. Die Schulstunden waren nicht mehr als eine unwillkommene Unterbrechung zwischen dem morgendlichen Marsch dorthin und dem Heimweg. Erforderte der Weg zur Schule rund dreißig Minuten, so konnte sich der Rückweg bis auf zwei Stunden ausdehnen.

Nach der Schule liefen wir den Weg hinunter und stiegen über einen Holzzaun auf ein großes, hügeliges Feld. Wir sprangen im Kreis herum, schleuderten die Schultaschen voraus und rannten hinterher wie junge Kälber, die mit den Hufen um sich schlagen, wenn sie zum ersten Mal die Freiheit eines weiten Feldes erleben. In der Mitte des Feldes gab es eine kleine Quelle, die auf der Seite eines bemoosten Grabens lag und mit einem grauen Holztor gesichert war. Dies war John O's Quelle, und das Tor hielt seine Ziege fern, so daß sie sich mit dem Bach zufriedengeben mußte. Dies war unser erster Halt. Hier ließen wir uns ins warme Gras fallen und rekelten uns in der Sonne. Wir tauschten Geschichten aus, eine übertriebener als die andere, und einer der Jungen staute manchmal kleine Tümpel im Quellbach, damit die Vögel dort baden konnten. Er liebte Vögel, und sie erwiderten seine Gefühle, indem sie keine Angst vor ihm zeigten.

Dann wuschen wir unsere Milchflaschen aus und füllten sie mit dem kühlen Quellwasser. Hatten wir genug getrunken, füllten wir sie erneut für die Safari nach Hause. Wir rannten den Hügel hinab und in die überhängenden Bäume hinein, wo unser erster Wasserlauf über die moosgrünen Steine stürzte. Wenn wir dazu aufgelegt waren, stauten wir das Wasser zu einem großen Tümpel und sprangen rein und raus, wobei wir die Röcke hochschlugen und an den Schlüpfern befestigten. Die Jungen trugen kurze Hosen, aber sie rollten sie noch höher auf und enthüllten so weiße Stellen über ihren mahagonibraunen Knien. Wenn wir genug davon hatten, streiften wir über das nächste Feld, das uns zur einzigen Straße auf unserem Heimweg führte – ein kurzes Stück, das in der Hauptsache aus einer langen Steinbrücke bestand. Unter der Brücke floß der Dariglefluß, versteckt in tiefen und grasbewachsenen Böschungen, und manchmal stiegen wir über die niedrige Mauer der Brücke, um die Collies im Fluß zu fangen. An anderen Abenden hingen wir über der Brücke und sahen den Wasserhühnern zu, wie sie darunter hin- und herflitzten. Mit Ungeduld verfolgten wir die Brutzeit der Hennen, und der Abend, an dem die ersten Küken auftauchten, war so aufregend wie die Geburt eines Kindes zu Hause.

Von diesem Ort konnten wir uns nur schwer losreißen, denn mit dem Verlassen der Straße hatten wir uns auch von einigen Freunden zu trennen, und weiter gings durch die Felder. Wir durchstreiften zwei weitere Felder und kamen zu einem anderen Wasserlauf, der von Büschen und Dornensträuchern verdeckt war. Wir krochen unter ihnen durch, platschten durchs kühle, grüne Wasser und kletterten auf der anderen Seite den steinigen Hang hinauf.

Nun kam unser größter Härtetest: ein steiler Hügel, den wir sehr langsam im Zickzack angingen, um auf halbem Wege eine Pause zu machen und unsere Kräfte mit Hilfe der Wasserflaschen wiederzuerlangen. Schließlich erreichten wir den Kamm, wo wir uns zu einer längeren Rast niederließen und die Flaschen austranken. Von diesem Ausguckposten schauten wir über das soeben durchquerte Tal zurück, und die Schule sah in der Ferne klein aus, was uns in höchstem Maße befriedigte. Wir beobachteten die verschiedenen Kuhherden beim Grasen, besonders die Stiere. Wir hatten sie auf unserem Schulweg immer zu beachten: Einige waren Killer, und man hatte einen sicheren Abstand zu wahren, was es oft notwendig machte, einige zusätzliche Felder zwischen sie und uns zu legen. Wir erkannten sie an ihrem verschiedenartigen Brüllen und überprüften jedes Feld, um uns über ihren Aufenthaltsort zu vergewissern.

Nachdem wir uns von der Hügelkletterei erholt hatten, pflückten wir oft Butterblumen, und aus Gänseblümchen fertigten wir Kränze. Beim Schlendern durch die verbleibenden Felder kontrollierten wir unsere Vogelnester, um nachzusehen, wie sich die Dinge entwickelten. Dann und wann trafen wir einen unserer Nachbarn, und wenn wir Glück hatten, wurden wir zu einer Tasse Milch und Rosinenkuchen eingeladen. Die letzten paar Felder waren flach und moosig, und wir pflückten Brombeeren oder manchmal, in der Reifezeit, füllten wir unsere Flaschen mit Schwarzdorn und vergruben sie, um Schlehdornwein zu machen, nur konnten wir uns hinterher nie erinnern, wo wir sie versteckt hatten.

Schließlich kamen wir zu Hause an, sonnengetränkt und entspannt, die Schule war beinahe vergessen. Letzten Endes stellte sie nur einen Teil eines weit größeren Rahmens unserer Erziehung dar.

Ein Schulfreund

Wir wanderten zur Schule
Über taugetränkte Wiesen.
Trafen uns, wo unsere Wege sich kreuzten,
Am Fuße eines grasbewachsenen Hügels.
Kam der eine zu spät, hinterließ
Der andere eine Nachricht aus Steinen
Auf der moosbewachsenen Brücke.
Er trug lehmige Stiefel,
Einen Pullover, zerrissen von dornigen Sträuchern,
Das Haar zersaust,
Nebensächlichkeiten für ihn,
Der mit den Wolken um die Wette lief
Und Kaninchen in ihre braunen Erdbauten folgte.
Zarte Hände, durch eine starke Verbrennung
entstellt
Streckten sich den Vögeln entgegen.
Sie ließen sich auf seinen Fingern nieder,
Zufrieden, bei einem der ihren zu sein.
Gesegnet mit einem Verstand, losgelöst
Von den körperlichen Schwächen,
Spazierte er durch sein ruhiges Leben
Immer in der Nähe der himmlischen Pforten.

Unser tägliches Brot

Der Tag auf der Farm begann um sieben Uhr morgens mit einer schnellen Tasse Tee. Nachdem wir dann die Kühe gemolken hatten und mein Vater zur Molkerei gefahren war, setzte sich der Rest der Familie zu einem ausgedehnten, gemütlichen Frühstück zusammen. Das Mittagessen vorzubereiten hieß, zu den Kartoffel- und Gemüsefeldern zu gehen, einen Eimer voll Kartoffeln auszugraben und einige Kohlköpfe abzuschneiden. Jeden Tag wurde ein großer, schwarzer Topf mit Kartoffeln gekocht, und was immer auch übrigblieb, wurde zusammen mit den anderen Resten als Hunde- und Schweinefutter verwendet. Das Mittagessen selbst war um ein Uhr. Ein schriller Pfiff auf der Eisenpfeife, die neben der Küchentür hing, rief uns herbei: Wir konnten sie über die Felder hinweg hören. Um vier Uhr nachmittags hatten wir unsere Teestunde, und wann immer die Kühe am Abend gemolken waren, gab es Abendessen.

Das abendliche Melken war ein friedlicher Augenblick im Tagesablauf. Müde nach der Arbeit ließen sich Männer und Frauen auf ihre kleinen Melkschemel neben den Kühen auf den Boden plumpsen. Wir nannten die Schemel »Klotz«, vielleicht weil sie aus einem fünf Zentimeter dicken, festen Holzblock mit drei nach außen stehenden Beinen, die für das Gleichgewicht sorgten, gefertigt waren. Hatte man sich vergewissert, daß der Klotz sicher stand, setzte man sich mit einem Eimer zwischen den Knien darauf und ruhte mit der Stirn an der seidenweichen Flanke der Kuh. Dann schloß man die Finger um ihre warmen Zitzen und molk in einem gleichmäßigen, beruhigenden Rhythmus. Zuerst spritzte die Milch mit einem harten, metallischen Klang in den Blecheimer. Wenn er sich aber langsam füllte, wurde der Klang weicher, ein einschläferndes Brausen, und der kalte Eimer zwischen den Beinen wurde wärmer.

Das Melken war die Zeit der Lieder, aber auch die der Diskussionen, wenn die Mitmelker dazu Lust hatten, oder man konnte einfach nur träumen. Hatte jedoch die Kuh das Gefühl, nicht beachtet zu werden, konnte sie hart ausschlagen, und man fiel der Länge nach in die Mittelrinne des Stalls, mit einem Eimer warmer Milch getauft. Die meisten Tiere waren ruhig. Aber wir hatten einige, die mein Vater »Treter« nannte. Jede Kuh hatte einen Namen, und die Neigung, auszuschlagen, konnte vom Muttertier auf die Tochter vererbt werden, und oft hatten wir Mutter und Tochter in einer Herde.

Wir besaßen Kühe verschiedener Rassen und unterschiedlicher Farben; eine Spezialisierung gab es noch nicht. Wir nannten eine Gattung »Beine«, denn es waren langbeinige, weiße Kühe; der Fachausdruck für sie war »Baney«. Dann gab es kleine, braune, die wir »Maus« nannten, und wir besaßen sowohl eine Mutter- als eine Jungmaus, wobei ich die Muttermaus besonders gern mochte, weil sie so ruhig und gutmütig war und nie ausschlug.

Wir trugen die vollen Eimer zu den Milchkannen, die wir »Tanks« nannten und die sich auf einem Gestell vor dem Stall befanden. Auf jedem Tank lag ein Musselintuch, durch das wir die Milch filterten. Arbeitete Dan bei uns, fuhr meist er und nicht mein Vater die Milch zur Molkerei, obwohl dies gelegentlich zu Problemen führte. In jenen Tagen fing man mit den Hygienekontrollen an, und Dan konnte Kontrolleure jeder Art nicht ausstehen. Standhaft weigerte er sich, die Tanks inspizieren zu lassen, und verlangte von den Kontrolleuren zu wissen: »Was haben Sie je für unser Land getan, das Sie berechtigt, herumzufahren und an unserer Milch zu schnüffeln?«

Nach einer solchen Auseinandersetzung funkte die Molkerei schnell SOS, um Dan in eine andere Richtung zu dirigieren.

Im Vorfrühling und Spätherbst, wenn die Kühe nur wenig Milch gaben, stellten wir selbst Butter her. Wir gossen Milch, noch warm von der Kuh, in die Milchschleuder – ein großes eisernes Gerät mit zwei Rohren und einem Motor mit einer Kurbelwelle. Es gab ein leichtes Heulen von sich, wenn sich die Kurbel drehte und aus dem einen Rohr Rahm, aus dem anderen Magermilch kam. Es war ein einfaches, aber geniales Teil, und während es mein Vater bediente, reihten wir Kinder uns mit Tassen auf, um einen Schluck Sahne zu bekommen.

Am nächsten Tag wurde die Sahne ins Butterfaß gegossen. Wir hatten zwei davon: ein handliches, das auf den Tisch gestellt und von einer Person bedient werden konnte, und ein großes Faß, welches auf einem Gestell stand und zwei Buttermeier erforderte. Zur Not konnte es auch eine Person allein bedienen, sollten wir knapp an Frauenkräften sein, was jedoch selten vorkam. Nach einer gewissen Drehzeit begann die dicke Sahne zusammenzuklumpen. Je schneller dies geschah, um so besser wurde die Butter. Daher stammt auch das ländliche Sprichwort: »Langes Buttern macht schlechte Butter«, eine Redewendung, von der man meinte, sie träfe auf viele Lebenslagen zu.

Die fertige Butter wurde gewaschen und gesalzen. Im Faß blieb Buttermilch zurück, ein großartiges Getränk an heißen Sommertagen und höchst beliebt bei den Männern, wenn sie vom Feld heimkamen.

Das im Frühjahr gesäte Getreide wuchs während der Sommermonate, und während es reifte, wurden die Unterschiede zwischen den Sorten deutlich sichtbar. Der Weizen war goldbraun, der Hafer buttergelb, und die Gerste mit der bärtigen Ähre war der alte Mann unter den dreien. Das Mähen des Getreides im Herbst stellte einen großen Einschnitt in die Arbeit des Jahres dar, und es war eine Aufgabe, zu der sich alle Nachbarn zusammentaten und sich gegenseitig aushalfen. Das Dreschen war eines der größten Ereignisse im Erntejahr. Von der Aussaat im Frühling bis zum Mähen steuerte alles auf diesen Punkt hin. Der Weizen wurde nun zu Korn gedroschen, das wiederum zu Mehl gemahlen wurde und unser tägliches Brot lieferte.

Auf dem Heimweg von der Schule durch die Felder hörten wir das Brummen der Dreschmaschine auf den Bauernhöfen und zählten die Tage, bis sie auf unseren Hof kommen würde. Als wir eines Abends nach Hause kamen, wurde uns gesagt, daß es nun endlich so weit wäre. Wir warteten im Hof mit gespitzten Ohren auf das Geräusch der alten Maschine, und unsere Augen streiften über die Bäume, um den Rauch zu sehen. Noch lebten wir im Zeitalter der Pferde, und uns erschien alles auf der Farm, was sich mit Hilfe eines Motors auf Rädern bewegte, als eine Art Wunder.

Endlich hörten wir sie heranbrummen und sahen die hohe, mit rosafarbenem Holz verkleidete Dreschmaschine zwischen den Hecken. Als ich beobachtete, wie sie den Feldweg herunterkam, fühlte ich vor lauter Spannung ein Kribbeln in den Zehen. Das lange, schwerfällige Etwas auf unseren Hof zu bugsieren, war ein langandauerndes, kompliziertes Ritual und genau der richtige Platz, um neue Schimpfwörter zu lernen. Die Maschinisten mit ihren öligen Overalls rangierten und manövrierten das Eisenmonster, das die ganze Zeit Rauch ausspie und protestierend zischte, hin und her. Nach vielen Diskussionen und dem Abschätzen von Entfernungen wurde endlich die bestgeeignete Position gefunden: Sie war aufgestellt. Morgen früh konnte es losgehen.

Nach dem Frühstück wurde der Maschine Leben eingehaucht, und als sie hustete und schließlich röhrte, gab sie Rauchzeichen von sich, die die Männer im Umkreis von Meilen herbeiriefen. Sie kamen über den Fluß, von den Hügeln herab, über die Felder und den Heckenweg hinuntergelaufen. Es waren wettergegerbte, von der Arbeit abgehärtete Männer, und jeder trug eine Heugabel. Mit ausgreifenden Schritten kamen sie angestürmt, hungrig nach Arbeit.

Das Dreschen prüfte die Arbeitsfertigkeit, wobei die Männer ihr ganzes Talent aufboten und, wenn sie auch zu Hause oft schwer schufteten, hatten sie nicht immer solch ein Publikum. Es war eben auch einer der geselligsten Tage im Jahr, denn einige sahen sich nur beim Dreschen und hatten sich so manches aus dem letzten Jahr zu erzählen. Ein paar öffneten den Schober und warfen denen, die auf der Maschine standen, die Garben zu. Auf der Rückseite des Dreschers, wo das Stroh herauskam, fiel eine der schwersten Arbeiten an, das Weggabeln des Strohs. Hier wurde ein Haufen errichtet, und während der des Dreschguts immer kleiner wurde, stieg dieser in die Höhe. Es erforderte einige Geschicklichkeit, ihn im Gleichgewicht zu halten.

Das Ernteergebnis wurde an der Vorderseite der Dreschmaschine verkündet. Aus dem Sortierzylinder ergossen sich die goldenen Körner durch eine kleine Falltür in Jutesäcke. Hier führte mein Vater Aufsicht: Besorgt schaufelte er die ersten Körner in seine Faust und prüfte sie in der Handfläche. Dann nahm er einige in den Mund und kaute sie gedankenvoll mit geschlossenen Augen. Während er die Arbeit eines Jahres prüfte, ähnelte er einem Kenner bei der Weinprobe. Schließlich öffnete er die Augen, rieb sich die Hände und erklärte: »Wirklich gut, das Zeug.«

Es war schön, dabei zuzuschauen, wie das goldene Getreide die nußbraunen Säcke füllte. Wenn es bis auf zehn Zentimeter an den Rand reichte, wurden die Säcke schnell gewechselt. Die Männer schleppten die vollen auf ihrem Rücken über den Hof zum Speicher, ein langes, niedriges Gebäude aus Stein mit einem Holzfußboden. An der Rückwand angefangen wurde das Getreide auf den Boden gekippt. Da die Säcke nicht zugebunden waren, mußten sich die Männer nur nach vorne beugen, und das Getreide ergoß sich über ihre Schultern auf den Boden. Ich half meinem Vater beim Absacken, und ein Gefühl der Zusammengehörigkeit und Harmonie gepaart mit der Zufriedenheit über eine gut gemachte Arbeit entwickelte sich zwischen uns während des Tages.

Den ganzen Tag über dröhnte die Dreschmaschine, und die Männer arbeiteten beständig. Es gab nur eine Mittags- und eine Teepause. Große Vorräte waren nötig, um die Hungrigen zu verpflegen, und hatte Napoleon geglaubt, eine Armee marschierte mit dem Magen, war meine Mutter überzeugt, daß die dreschenden Männer mit ihrem arbeiteten. Es herrschte eine gute Kameradschaft, und man hatte Spaß, sowohl auf dem Hof als auch um den Küchentisch herum.

Neben der Dreschmaschine bildete sich ein großer Haufen Spreu, federleichte Strohteile und Kornhülsen.

Nach der Schule spielten die Nachbarskinder damit, vergruben sich darin und bewarfen sich, während die Männer brüllten, sie sollten aus dem Weg gehen. Der Hofplatz war das Reich der Männer und Kinder, das von den Frauen, die in der Küche beschäftigt waren, selten betreten wurde.

Allmählich ging das Dreschen dem Ende zu. Der Haufen mit dem Dreschgut verschwand, während sich das Stroh auftürmte. Uns Kindern tat es leid, zu hören, wie die Maschine zitternd zum Halt kam. Die Männer halfen dann, den Drescher vom Hof zu bringen, ein schwieriges Geschäft, weil die schweren Räder manchmal tief in den weichen Boden sanken. Nach viel Stoßen und Rangieren setzte er sich schließlich in Bewegung, und mit einem Gefühl von Traurigkeit beobachtete ich den ganzen feierlichen Zug, der sich mit Volldampf zum Hof hinaus bewegte. Die kopflastige Dreschmaschine schwankte häufig in bedenklichem Maße, aber immer fand sie gerade noch rechtzeitig ihr Gleichgewicht wieder.

Für ein weiteres Jahr war das Dreschen vorüber, und die Kinder kehrten wie die Männer auf ihre Höfe zurück, um die Kühe zu melken. Auf dem Hofplatz, der in verschiedene Schattierungen von Gelb und Braun gefärbt war – das hellgelbe Stroh, die weiche, gelbe Spreu und die reiche, dunkle Erde, von den Rädern der Dreschmaschine durchfurcht –, kehrte wieder Ruhe ein. Mein Vater stand da, eine Hand in der Hüfte, mit der anderen rieb er sich seinen Nackenansatz, eine

Haltung, die er einnahm, wenn in seiner Welt alles in Ordnung war. Er ging zur offenen Tür des Schobers, in dem das sattfarbene Getreide wellenförmig von Wand zu Wand verteilt war. Ich stand neben ihm, still, um nicht den zauberhaften Moment seines inneren Friedens zu stören. Er war ein Mann, der sich über manches in der Landwirtschaft ärgerte, aber in Augenblikken wie diesem durchdrang ihn eine tiefe Erfüllung. Später ging er gemeinsam mit meiner Mutter den Speicher besichtigen.

Wenn die Gänse und Enten für die Nacht von den Feldern zurückkamen, gab es ein Freudengeschnatter, weil der Hofplatz nach dem Dreschen eine Stätte seltener Freude für sie war. Voller Erregung kreischten und quakten sie und rissen die Spreu auseinander. Sie fraßen sie, sie gruben sich in sie hinein und rollten darin herum. Auf diese Weise feierten sie das Erntedankfest.

Später wurde ein Teil des Getreides zum Mahlen in die Mühle gebracht. Ein großer Teil des Hafers wurde als Futter für die Hühner und Pferde aufbewahrt. Den zerstoßenen Hafer und die Gerste verwendete man zum Füttern der Schweine, einen Teil auch für die Kühe, und der Weizen wurde zu Mehl gemahlen. Etwas von dem Weizen wurde auch verkauft, doch das meiste brauchten wir für den Eigenbedarf. Jeden Tag backte meine Mutter auf den Blechen über dem Feuer rundes Weiß- und Weizenschrotbrot. Im Laden gekauftes Brot kam selten auf den Tisch. Sie machte außerdem großartige Johannisbeer- und Apfelkuchen. Die

Äpfel stammten aus dem eigenen Obstgarten. Wir besaßen riesige, alte Apfelbäume, die Früchte im Überfluß lieferten, welche meine Mutter in Kisten im Schober lagerte. Selten hatten die Äpfel Zeit, auszudörren, da unser Verbrauch enorm war und die Nachfrage stets das Angebot übertraf.

Nach einer stürmischen Nacht gab es für unsere Schweine einen Fallobstfestschmaus, als mein Bruder aber mit der Imkerei begann und unter jedem Apfelbaum ein Bienenstock stand, wurden die Schweine aus dem Obstgarten vertrieben. Sie waren über die Beschneidung ihrer Vorrechte entrüstet, doch als sie gewaltsam eindrangen, wurden sie von den Bienen attackiert. Oft sah ich die Herde, mit hochgekringelten Schwänzen, vor Protest quiekend, so schnell davonrennen, wie ihre kurzen Beine sie trugen.

Eine rostige Liebesaffäre

In einem ausgedörrten Schuppen
Mit schwarz gegerbten Händen
Diese Eisenmänner der Dampfmaschinen
Ölschwitzend ein Ziel verfolgend.
Prunkvoll steht sie dort,
Diese Königin vergangener Zeiten,
Darauf wartend, daß ihre veralteten
Glieder eingefettet werden
Und in Bewegung gesetzt, ihre Gelenke
Sanft behandelt von ihren
Schwarzen Liebhabern, vorbehaltlos
In ihrer vollkommenen Bewunderung.
In diesem braunen Rangierbahnhof
Waggons, vom Alter grau,
In den Ruhestand versetzte Königinnen, stolz
Tragen sie die Erhabenheit vergangener Tage.
Hier, ein Traum der Schöpfung,
Ein alter Zug zum Leben erweckt
Wenn Menschen Götter werden
Und totem Eisen neues Leben einhauchen.

Die Butterkiste meines Vaters

In unserer örtlichen Molkerei wurde die Butter in soliden Kisten gelagert, die etwa 75 Zentimeter breit und aus gutem Holz gefertigt waren, das einen gelben Wachsschimmer hatte. Viele fanden den Weg in die Farmhäuser, wo sie gut gebraucht werden konnten. Eine davon war die Butterkiste, die in unser Haus kam und zum Werkzeugkasten meines Vaters wurde.

Sie hatte ihre frühere wächserne Eleganz verloren, die Farbe hatte sich in ein schmutziges Braun verwandelt, und oben an der Seite fehlte ein Stück. In dieser Kiste bewahrte mein Vater ein Sortiment verschiedener Hämmer, Schraubenschlüssel und Schraubenzieher auf, zusammen mit Nägeln, Unterlegscheiben und Schrauben unterschiedlichsten Alters. Obenauf lagen Holz- und Gummistücke sowie allerlei Krimskrams, die Überbleibsel früherer Arbeiten. Er warf nie etwas weg für den Fall, daß er es vielleicht noch einmal gebrauchen könnte. Mit dieser Angewohnheit behinderte er sich jedoch selbst, denn er konnte nie das finden, was er gerade suchte. Seine Kiste war bis zum äußersten Rand vollgepackt und mußte aufgrund ihres enormen Gewichts eher gezogen als getragen werden.

Wenn er eine Arbeit zu verrichten hatte, kam die Butterkiste hervor. Die Arbeiten konnten alles beinhalten, das Anbringen eines Besenstiels, das Auswechseln eines Fensters oder die Reparatur eines Stuhlbeins, das unseren täglichen Angriffen nicht standgehalten hatte. Die Butterkiste durfte bei all diesen Unternehmen nicht fehlen. Zuerst grub und stocherte mein Vater in ihren Tiefen herum, auf der Suche nach einem Nagel mit der erforderlichen Länge. Viele wurden aussortiert, mit steigendem Zorn wegen ihrer Untauglichkeit, bis zuletzt, in einem Anfall reinster Raserei, die ganze Kiste auf den Küchenboden ausgeschüttet wurde. Wir hatten eine große Küche, aber wenn die Kiste meines Vaters umgekippt wurde, verstreute sich ihr Inhalt von Wand zu Wand über den ganzen Raum, und die Schrauben und Nägel kullerten unter sämtliche Schränke und Stühle. Da über die Jahre hinweg der größte Teil des Kisteninhalts durch Rost die verschiedensten Schattierungen von Braun angenommen hatte, sah die Küche in solchen Augenblicken wie ein frisch gepflügtes Feld aus. An diesem Punkt kam das ganze Haus zum Stillstand, während mein Vater eine Tirade farbigster Ausdrücke ausstieß über Nagelköpfe, die die Dreistigkeit besaßen, wegzuknicken, bevor sie den vorgeschriebenen Bestimmungsort erreicht hatten. Hatte er die Grenze seiner Geduld erreicht, war sein Lieblingsausdruck »Hurensohn!«, und als ich jung war, dachte ich, ein Hurensohn sei ein unbrauchbarer Nagel und eine Hure eine Kuh, die sich weigert, dann durch das Tor zu gehen, wenn mein Vater es will.

Abhängig von der Größe des Vorhabens konnte die Arbeit viele Stunden beanspruchen. In dieser Zeit liefen wir Kinder hin und her und kamen all seinen Forderungen nach. Manchmal erahnten wir sie sogar wie ein Schwesternteam, das einem Chirurgen während einer schweren Operation assistiert. Ich will über diese Übung nur eines sagen: Mit Sicherheit schärfte sie unsere Reflexe, und rutschte der Hammer ab und traf anstelle des Nagels seinen Daumen, bekamen wir bis dahin unbekannte Eigenschaftswörter zu hören. Zum Schluß, wenn die Mission erfüllt war und unser Handwerker sein Werkzeug niedergelegt hatte, fand er andere wichtige Dinge, die seine Anwesenheit erforderten, und lief davon, ohne sich weiter um das Chaos zu kümmern. Es war unsere Aufgabe, jeden einzelnen Gegenstand aufzulesen und in die Butterkiste zu werfen, aber wie. Der Endzustand der Kiste war schlimmer denn je zuvor, was eine weitere Vorstellung zu einem späteren Zeitpunkt garantierte. Das Aufräumen war eine langwierige, mühsame, eintönige Arbeit, und wir haßten jede Minute, obwohl es sicher ein gutes Geduldstraining war. War der Küchenboden endlich gefegt und das letzte Stück des Plunders in die Kiste geschaufelt, wies der Fußboden, der normalerweise steingrau war, eine wahre Symphonie von Braun- und Grüntönen in genügend Varianten auf, das Herz eines jeden Landschaftsmalers höher schlagen zu lassen.

Meine Mutter, eine weise Frau, war bei diesen Aktionen in der Küche selten zugegen. Dies war kein Zufall, sondern Teil ihrer Ehestrategie. Sie war über vierzig Jahre sehr glücklich verheiratet mit einem Mann, der ein ausgezeichneter Ehepartner war, aber eine äußerst niedrige Geduldsschwelle besaß. Daher vermied sie direkte Konfrontationen und manövrierte ihn still und heimlich aus in dem Glauben, daß Strategie in einer Ehe, wie in einer Schlacht, von herausragender Bedeutung ist.

In späteren Jahren wurde die Butterkiste meines Vaters zu einem Scherz in unserer Familie, und wir fragten uns des öfteren, wie mein Vater wohl in ein modernes Mehrfamilienhaus in einer Vorstadt gepaßt hätte, mit einer emanzipierten Frau und modernen Teenagern. Er war nicht für ein Leben in »kleinen Kisten« geschaffen.

Die letzte Litanei

Trotz der Tatsache, daß meine Mutter in den meisten Situationen Toleranz und Flexibilität zeigte, hatte sie auch Anflüge von unbeugsamer Strenge. Das familiäre Rosenkranzbeten war ein solcher: Krank, lahm oder verkrüppelt, alle hatten wir für den Rosenkranz auf unseren Knien zu sein. Auch Aushilfskräfte, Gäste oder jedermann, dem es passierte, zur falschen Zeit vorbeizukommen, wurde geschickt miteingeschlossen.

In den Sommermonaten kniete ich vor dem Küchenfenster und sah über die Wiesen, wo die Kühe nach dem Melken grasten. Wenn die Reihe an mich kam, die zehn »Ave Maria« zu verkünden, benutzte ich die Kühe auf der Wiese, um sie zu zählen. In Gedanken hatte ich in einer Ecke zehn Kühe von der Herde abgeteilt, aber während mein Geist übers Tal schweifte, zogen die Kühe natürlich umher, so daß sich meine zehn Auserwählten auf fünf oder sechs reduzieren konnten. Wenn ich das Vaterunser dann vorzeitig aufsagte, griff meine Mutter sanft aus dem Hintergrund ein: »Zwei weitere.« Oder falls meine Herde zugenommen hatte und meine »Ave Maria« die zehn überstiegen, unterbrach sie mich: »Nun das Vaterunser.« Sie kämpfte auch tapfer dafür, uns alle mit den Rosenkranzkugeln versorgt zu halten, doch diese gingen fortwährend verloren oder zerbrachen. Nie versuchte sie meinen Vater zur Perlenkette zu bekehren. Er knackte mit seinen Fingerknöcheln, um sich nicht zu verzählen.

Der Rosenkranz war eine Sache, aber ihre Hinzufügungen waren etwas anderes. Zuerst kam die Litanei, die mit »Ave Maria« begann, und darauf antworteten wir alle im Singsang mit: »Bete für uns.« Nach dem »Ave Maria« folgte eine lange Liste, vom »Auszug ins Gelobte Land« bis zu »Christi Himmelfahrt«.

Eines Abends verlor meine Mutter ihre Konzentration nach »Christi Himmelfahrt«, und sie stockte, wiederholte sich einige Male, aber es gelang ihr nicht, sich zu erinnern, was als nächstes kam. Schließlich piepste eine kleine Stimme aus dem Hintergrund hilfreich: »Versuch doch Nelsons Säule!« Vor Lachen kugelten wir uns alle am Boden. Mein Vater machte sich das zunutze und erklärte die Litanei dieses Abends für beendet.

Aber die Litanei war nur eine der vielen Zusätze. Da folgten drei »Ave Maria« für diesen Nachbarn und eine zweite Serie für einen weiteren, bis mein Vater sich zu beschweren begann: »Um Gottes willen, wir werden noch bis morgen früh hier sitzen.«

Jahrelang beteten wir fleißig für einen Nachbarn, der studierte, um Lehrer zu werden. Mein Vater meinte von ihm: »Wenn eine Hummel seinen Verstand besäße, würde sie rückwärts fliegen.« Aber ungeachtet dieser Äußerung über seine grauen Zellen bestand unser Nachbar sein Examen. Meine Mutter war fest davon überzeugt, daß Gebete Berge versetzen könnten, und tatsächlich tat es ihr Beten oft; zumindest versetzten sie Berge der Unwissenheit.

In Prüfungszeiten zündete sie stets eine Kerze an und stellte sie mitten auf den Tisch im Wohnzimmer. Wenn ich zwischen den einzelnen Prüfungen nach Hause kam, guckte ich immer ins Wohnzimmer, um nachzusehen, ob sie daran gedacht hatte. Immer leuchtete eine Kerze. Es war ein Symbol für Mitgefühl, und in späteren Jahren schrieben ihr ihre Kinder aus allen Ecken der Welt und baten sie darum, eine Kerze anzuzünden und für ihre großen und kleinen Probleme zu beten.

Sie besaß einen tiefen Glauben an die Güte und Macht Gottes, verspätete sich aber stets bei der Messe. Wäre sie auf sich selbst gestellt gewesen, hätte sie es kein einziges Mal geschafft, aber mein Vater war die Pünktlichkeit in Person. Er war eine halbe Stunde vor der Zeit bereit und ging, sich ereifernd und fluchend, in der Küche auf und ab. Dann trat er an die Küchentür, kratzte sich am Kopf, richtete seine Augen gen Himmel und verkündete: »Wenn je ein Mann so litt!« Ich glaube, er flehte Gott an, Zeuge seiner Seelenqual auf Erden zu sein. Schließlich stand er am Fuß der Treppe und schrie hinauf: »Frauchen, gehen wir heute oder am nächsten Sonntag zur Messe?« Gewöhnlich rief er meine Mutter Len, aber wenn sie ihn an die Grenze seiner Geduld trieb, wechselte er über zu »Frauchen«. Dies war ein Signal für sie, daß sie bis dahin, aber nicht weiter gehen dürfe. Endlich kam sie herunter, setzte ihren Hut auf und gab denjenigen, die zu Hause blieben, über die Schulter hinweg letzte Anweisungen. Sie ging nur für einige Stunden fort, einem Fremden konnte aber vergeben werden, hätte er den Eindruck, eine Weltreise stünde bevor.

Ordentliches Planen und gute Haushaltsführung standen auf der Liste ihrer Prioritäten nicht zuoberst, es waren die Menschen, denen sie den Vorrang vor allem einräumte. Sie hatte immer zum Zuhören und Plaudern Zeit. Mußte man je das Haus sehr früh am Morgen verlassen, war sie zur Stelle. Sie war beim Frühstück dabei, um sich jegliche Sorgen, die einen bekümmerten, anzuhören; spät abends wartete sie in der Küche, um noch gemeinsam eine Tasse Tee zu trinken. Nie sagte sie uns, daß sie uns liebte, aber sie umgab uns mit ihrer Liebe und benötigte keinerlei Worte. Ihre Liebe und Gelassenheit erfüllten das Haus, und sie selbst war eine der zufriedensten Personen, die ich je kennengelernt habe.

In einer Zeit, in der körperliche Züchtigung noch an der Tagesordnung war, hielt sie nichts davon, Kinder zu schlagen. Sie vertrat die Ansicht, daß Schläge die Kinder nur dreist und aggressiv machten.

An einem Tag kam ich von der Schule nach Hause, und ein Wasserschwall strömte mir aus der Haustür entgegen. Sie hütete ein kleines Nachbarmädchen, ein Einzelkind, das immer wunderschön angezogen war, und mitten in der Küche stand eine Schubkarre mit Sand und Wasser gefüllt; wohlgemerkt, nicht etwa eine kleine Schubkarre, sondern ein großes, rostiges Eisenmodell. Als ich sie nach dem Grund dafür fragte, wurde ich unterrichtet, es sei gut für Kinder, Schmutz zu machen, und Sand und Wasser seien für sie von großem Nutzen.

Uns Kindern verbot sie streng den Gebrauch unanständiger Wörter, und obwohl mein Vater sich in allerlei farbigen Ausdrücken erging, wurde akzeptiert, daß dies sein Vorrecht und nicht auf den Rest von uns auszuweiten war. Sie erstaunte mich in späteren Jahren, als sie mich höflich belehrte, mein Vater hätte nur Wörter benutzt, die notwendig waren, um jede gegebene Situation treffend beschreiben zu können. Und sie hatte durchaus recht.

Beisammensein

Voneinander getrennt
Durch arbeitsreiche Tage
Wir, die zusammengehören
Wie verflochtene Finger
Betender Hände
Wieder vereint
In ruhigen Zeiten
Friedvoll
In unserem
Beisammensein.

Die unbarmherzigen Nonnen

Wir lebten etwa drei Meilen von der nächsten Ortschaft entfernt, aber mit dem Übergang, wie wir ihn nannten, von der Straße zu unserem Haus, war es eine weitere halbe Meile. Auf beiden Seiten des Übergangs, vom Tor an, gab es mit Moos bewachsene Wälle, in denen Vögel und Kaninchen ihre Nester hatten. Weiter unten waren sieben Pforten, die die Grenzen zwischen den Feldern markierten, da dies auch der Zugangsweg für das Vieh und die Maschinen entlang der Farm war. Lastwagenfahrer fürchteten unseren Hof, und ein Spinner streckte einst seinen Kopf aus dem Fahrerhaus in Richtung meines Vaters und verlangte zu wissen: »Allmächtiger Gott, wie soll man wissen, daß hier unten Leute leben?«

Ich wanderte gern diesen Weg hinunter und kannte jeden Zweig und Ast. Das erste Mal, daß mich die Freude, auf diesem Weg nach Hause zurückzukehren, überkam, war nach meiner ersten erzwungenen Abwesenheit von daheim. Ich mußte für eine Woche ins Krankenhaus nach Cork, um meine Mandeln entfernen zu lassen. Die Aussicht darauf hatte mich anfangs nicht groß beunruhigt, doch als ich den Hut meiner Mutter durch das Krankenhaustor verschwinden sah, begann ich mich im Stich gelassen zu fühlen. Die folgende Woche nahm mich für den Rest meines Lebens gegen Krankenhäuser und Nonnen ein.

Die Nonnen in ihrer jungfräulich weißen Kleidung rauschten über die Stationen wie aufgebauschte Schwäne. Als sich mein Hals nach der Operation anfühlte, als ob die französische Guillotine ihn malträtiert hätte, mußte ich feststellen, daß ihr schneeweißes Äußeres auch ihr Inneres durchdrungen hatte, weil uns die Nonnen mit kalter Tüchtigkeit, aber nicht gerade mit überströmender Freundlichkeit behandelten. Ich denke nicht, daß sie an den Spruch »Lasset die Kindlein zu mir kommen« glaubten.

Wann immer jemand zu Hause einen entzündeten Hals hatte, weichte meine Mutter Brot in warmer Milch ein, und diese Medizin glitt wie weiche Butter den Hals hinunter. Jetzt, im Krankenhaus, schrie mein Hals vor Schmerzen beim jedem Schluck, und mein Magen knurrte, weil er vom Nahrungsnachschub abgeschnitten war. Ich dachte mit Sehnsucht an die Lösung meiner Mutter, wir sagten dazu »Goddy«, ein Kinderwort, und wie die meisten Ausdrücke von Kindern war es eine zutreffende Beschreibung. Aber als ich eine der Nonnen fragte, ob sie je von »Goddy« gehört habe, warf sie ihren Kopf zurück und gab ein gellendes Lachen von sich, wie unser Jennet, wenn er zu lange angebunden war. Sie blickte auf der Station herum und fragte mit hoher, nasaler Stimme: »Hat irgend jemand je von ›Goddy‹ gehört?« Sie sprach es aus, als wäre es ein unanständiges Wort, und ich wünschte, daß ich einige Lieblingsausdrücke meines Vaters hätte gebrauchen können, um ihr zu sagen, was ich von ihr hielt.

Die Woche in diesem Krankenhaus war für mich eine verwirrende Erfahrung. Die Säuglinge auf der Station schrien die ganze Zeit, wenn sie wach waren. Zu der Zeit waren die Besuchsstunden beschränkt, und die Kinder weinten aus Einsamkeit. Zu Hause auf dem Hof schmusten wir mit den Tierbabys, wenn sie krank waren. Hier im Krankenhaus erging es den Kindern bedeutend schlechter, und es war herzzerreißend, ihre kleinen, tränenüberströmten Gesichter zwischen den Eisenstäben ihrer Kinderbetten hindurchstarren zu sehen.

Nach einigen Tagen, als ich begonnen hatte, mich zu erholen und zurechtzufinden, begann ich, meine Flucht zu planen. Niemand, so entschied ich, konnte an diesem Ort lange überleben.

Auf der dem Krankenhaus gegenüberliegenden Straßenseite war ein Hotel. Ich saß auf der Veranda vor der Kinderstation und beobachtete das Kommen und Gehen beim Hotel, darauf hoffend, ein vertrautes Gesicht zu entdecken. Endlich erspähte ich einen alten Freund meines Vaters. Am nächsten Tag lauerte ich auf eine Möglichkeit, durch die Eingangstür des Krankenhauses zu schlüpfen. Als ich Jack kommen sah, schrie ich zu ihm hinüber. Ich überschüttete ihn mit meinen Problemen und fand heraus, daß er an diesem Abend mit dem Bus nach Hause fahren wollte. Ich bat ihn, mich auf dem Weg zum Bus abzuholen. Danach ging ich zu den Nonnen zurück und erzählte ihnen, daß mein Vater mich heute abend abholen würde. Am Ende gaben sie nach und stimmten meiner Entlassung zu. Ich fühlte mich wie jemand, der nach jahrelanger Zwangsarbeit aus der Haft entlassen wird. Auf der Reise nach Lisnasheoga sang der Motor des Busses fröhlich: »Wir fahren heim.«

Als ich das Tor zum Weg auf unsere Farm öffnete, überkam mich eine so ungestüme Freude, daß ich über die Felder hätte fliegen können. Ich setzte mich auf einen Stein und ließ meine Augen über jedes vertraute Detail dieser Aussicht schweifen. Im Dunst des Spätsommerabends sah alles heiter und einladend aus, und ich war so froh, wieder zu Hause zu sein.

Dies war meine erste Erfahrung tiefverwurzelter Liebe zu den heimatlichen Feldern. Jeden Abend ging mein Vater über diese Felder, kontrollierte die Tiere und schaute nach, ob alles so war, wie es sein sollte. Es war wirklich nicht notwendig, dies jeden Tag zu tun, aber er genoß seinen Spaziergang durch die Felder. Mit all dem Vieh auf dem Hof und der anderen Tierwelt war man nie allein.

Damals gab es den schönen Brauch, die Saat zu segnen. Es waren dies Tage der Fürbitte, denn man bat Gott um seinen Segen für die Ernte. Der Farmer begab sich mit einer Flasche Weihwasser auf jedes seiner Felder und besprengte es damit. Dazu sprach er irgendein Gebet, das ihm geeignet erschien, wobei er den Äckern besondere Aufmerksamkeit widmete. Ich begleitete beide, meinen Vater und meine Mutter, bei dieser Zeremonie, und ich empfand ein Gefühl großer Harmonie: Mensch, Natur und Gott in völligem Einklang.

Goldgelber Speck

Wir schlachteten jedes Jahr zwei Schweine für den eigenen Bedarf. Am Schlachttag spielte mein Vater den Schlächter und die Nachbarn die Mithenker. Ein großer Holztisch wurde geschrubbt und ein Holzfaß mit kochendem Wasser bereitgestellt. Beide wurden vor das alte, nicht mehr genutzte Torfhaus gebracht. Danach führten die Männer das Schwein zum Schlachten, wobei es keineswegs lammfromm mitging. Es kämpfte auf jedem Schritt des Weges. Vier starke Männer waren nötig, um es auf dem Tisch zu bugsieren und es festzuhalten, bis mein Vater fachkundig, durch jahrelange Praxis geübt, das ganze Drama mit seinem langen, tödlichen Metzgermesser zu einem raschen Ende führte, wobei meine Mutter mit Hilfe einer weißen Emailleschüssel das warme, rot herausströmende Blut auffing.

Fanden Schlachtungen statt, blieb ich im obersten Stockwerk und vergrub meinen Kopf unter dem Kissen. Ich konnte es nicht ertragen, wie meine Freunde ihrem Tod entgegengingen.

Wenn die toten Schweine im Faß mit kochendem Wasser abgebrüht und die Haare abrasiert waren, wurden sie mit den Hinterbeinen an den Dachbalken des Torfhauses aufgehängt, über die ganze Bauchlänge aufgeschlitzt und ihre Innereien entfernt. Dann begann meine Mutter mit der Arbeit. Sie sortierte jedes Stück aus dem Schweininneren in das Emaillebad und die Eimer hinein. Es wurde fast nichts weggeworfen. Die Innereien mußten mit mehreren Eimern Wasser gespült werden, das dann zur Tür hinaus in den Bach floß. War das Schwein gründlich gewaschen, wurden drei geschälte und gespitzte Eschenruten ins Fleisch gespießt, um die Hälften auseinanderzuhalten, eine an der Schulter, eine am Schenkel und die dritte in der Mitte. Dann wurde die Tür des Torfhauses geschlossen und verriegelt. Ich spähte immer durch die Ritzen in der Holztür, um die zwei Kadaver im Halbdunkel hängen zu sehen, und empfand große Ehrfurcht vor diesen Geistern ähnlichen Erscheinungen.

Dort hingen sie für zwei Tage, und in der Zwischenzeit traf meine Mutter Vorbereitungen für das Füllen der Därme. Zuerst wurden die Därme ausgewaschen, und zwar so gründlich, daß unsere Finger vom kalten Wasser taub waren. Die letzte Reinigung wurde mit Wasser der Feenquelle vorgenommen, und dieses Wasser war auch an heißesten Tagen eiskalt, weil es direkt aus dem Erdinnern kam. Wenn die Därme schneeweiß waren, ließ man sie eingeweicht im Quellwasserbad liegen, das aussah wie ein Nest mit glitschigen Aalen. Das Schweinefett wurde so lange im gußeisernen Topf ausgelassen, bis es zu einer klaren Flüssigkeit wurde. Diese goß man in einen Emailleeimer, in dem das Schmalz zu einem festen Block erkaltete, das wir zum Kochen und Braten verwendeten. Wenn das Fett abgegossen war, blieben im Topf die Grieben zurück, Knorpelteile und Fleischstückchen, die im Fett eingeschlossen waren und nicht schmolzen. Sie wurden später für die Würste zerkleinert. Meine Mutter kochte das Schweineblut und die Leber und viele andere Stücke, die nur sie identifizieren konnte.

Wenn alles gekocht und vorbereitet war, begann das Füllen der Därme. Alles Fleisch kam in den Fleischwolf, dazu Kräuter und Gewürze, und nachdem alles zerkleinert war, wurde ein Trichter am Fleischwolf angebracht. Wir machten weiße und schwarze Würste. Die Grundlage der schwarzen war das Schweineblut, während die weißen gehacktes Bauchfleisch und Paniermehl beinhalteten. Ein riesengroßer, schwarzer Topf mit kochendem Wasser brodelte über dem Feuer, und sobald ein Wurstring fertig und zugebunden war, wurde er in das kochende Wasser getaucht. Während die Würste kochten, verbreitete sich in der Küche ein aromatischer Duft. Danach wurden sie mit einem sauberen Besenstiel aus dem Topf gezogen, der über zwei Stuhllehnen gehängt wurde, wobei der Geruch der dampfenden Würste uns das Wasser im Mund zusammenlaufen ließ. Reihenweise hingen die Wurstringe auf dem Besenstiel, genug, um eine Armee satt zu kriegen. Tatsächlich handelte es sich auch fast um eine kleine Armee, die verpflegt sein wollte, denn alle Nachbarn erhielten ihren Teil.

Am zweiten Abend nach dem Schlachten wurde gepökelt. Sobald die Dunkelheit hereinbrach, kamen alle Nachbarn, um bei der Arbeit zu helfen. Das Rückgrat der Schweine wurde ausgelöst, und die vier Hälften wurden in die Küche gebracht. Zuerst schnitt man sie in Stücke, die groß genug für unseren täglichen Bedarf waren, und dann begann das Salzen. Ein großer Jutesack mit Salz stand in der Mitte der Küche zwischen zwei Tischen, auf denen das Fleisch gesalzen wurde. Wir Kinder teilten das Salz in Schalen an die Männer aus, die es dann ins Fleisch und unter die Knochen rieben. Danach wurde das Fleisch zwischen Salzlagen in ein großes Holzfaß gepackt, das später mit frischem Quellwasser aufgefüllt werden mußte. Schweinesteaks, Schinken und andere ausgewählte Stücke wurden nicht eingepökelt.

War die Arbeit beendet, wurden die Tische geschrubbt und die Küche aufgeräumt. Der gußeiserne Topf wurde übers Feuer gehängt und mit Schweinesteaks gefüllt. Dann wir deckten für ein spätes Abendessen die beiden Tische, und wenn die Steaks goldbraun waren, aßen wir Berge davon, zusammen mit Weizenschrotbrot und Tee.

Am folgenden Tag gingen wir zu allen Nachbarn und brachten ihnen Schweinesteaks, frisches Schweinefleisch und Würste, und sie machten es ebenso, wenn sie ihre Schweine schlachteten. Wir aßen die selbstgemachten Würste zum Frühstück, Mittagessen und Abendbrot, solange der Vorrat reichte. Gebratener Schweinerücken war ein schmackhaftes Gericht, und die Schweineohren wurden über dem offenen Feuer gegrillt. Sogar die Blase fand Verwendung. Sie wurde am Kamin getrocknet und dann aufgeblasen, so daß wir für die nächste Saison einen neuen Fußball hatten. Bis zum letzten Rest wurden die Tiere verwertet.

Gelang es meiner Mutter, versteckte sie einige Würste, um sie zum Räuchern in den Kamin zu hängen. Nach und nach aßen wir uns zum Boden des Speckfasses vor. Es gab Speck und Kohl, Speck und Steckrüben, und ein- oder zweimal im Jahr – wenn meine Mutter entschied, daß das Eisen in den Brennesseln gut für uns wäre – gab es Speck mit Nesseln, die wir laut protestierend aßen. Der restliche Speck wurde aus dem Faß genommen und an Fleischerhaken an die Deckenbalken in der Küche gehängt, wo er durch den Rauch aus dem offenen Feuer eine goldbraune Farbe bekam. Wollten wir richtig geräucherten Schinken, hängten wir das Fleisch in den Rauchfang des Kamins, dessen höhlenartiges Innere reichlich Platz bot.

Nahezu das gesamte Fleisch, das wir aßen, wurde auf unserem Hof erzeugt. Meine Mutter zog Hühner auf und mästete sie, um sie anschließend zu kochen und zu braten. Wir aßen gebratene Enten, und zu festlichen Anlässen gab es gebratene Gans oder Truthahn. Ein regelmäßiges Sonntagsgericht waren die Forellen, und da mein Vater auch gerne jagte, kamen manchmal Fasane auf den Tisch.

Im Herbst wurden Kartoffeln geerntet und von den Feldern heimgebracht. Sie wurden in einer Grube eingelagert, einem 1,80 Meter langen Graben, der etwa 60 Zentimeter tief und 90 Zentimeter breit war. Karrenladungen voller Kartoffeln wurden hineingekippt, hochgeschichtet und danach mit Stroh zugedeckt, um Regen und Frost fernzuhalten. Die Steckrüben und die Runkelrüben lagerten wir auf die gleiche Weise. Die Steckrüben waren für unsere Küche bestimmt, während die Runkelrüben in der Rübenpresse zerhackt und an Pferde und Schweine verfüttert wurden. Die Schweine waren unsere Abfallverwerter auf dem Hof, denn sie fraßen alles, was man ihnen vorwarf. Die Kohlköpfe, die noch auf den Feldern waren, wurden abgeschnitten und an die Kühe verfüttert, da der Kohl im Gegensatz zum anderen Gemüse nicht über den Winter gelagert werden konnte. Auf diese Weise wurden die Felder abgeerntet, und wenn die Kälte hereinbrach, holten wir das Vieh von den Weiden zurück auf den Hof, wo es in seinen bequemen, mit viel Stroh ausgelegten Ställen übernachtete und an den Wintertagen auf einem Feld nahe dem Haus Wasser und Auslauf fand.

Der Torf aus dem Moor wurde heimgefahren und hinter dem Haus aufgestapelt. Das Torflagerhaus wurde ebenfalls bis unter die Decke gefüllt. Hier sammelte sich während der folgenden Wochen auf dem Boden Torfstaub an, den wir gemeinsam mit dem Anzündholz, das wir im Gehölz und Fort unter den Bäumen gesammelt hatten, zum Anmachen des Feuers verwendeten.

Zum Winteranfang wurden Holzscheite neben dem Haus hoch aufgestapelt. Wir waren von Bäumen umgeben, und wenn die Stürme einige gefällt hatten, wurden sie mit einer großen Schrotsäge, die zwei Männer handhabten, zersägt. Die Holzklötze wurden dann mittels Vorschlaghammer und Keil gespalten und danach mit der Axt zu Brennholz gehackt. Ich saß gern auf dem frischgeschnittenen Holzstapel, fuhr mit den Händen über die verschiedenen Formen und atmete den holzigen Duft ein. Bis zum heutigen Tag glaube ich, daß es nichts Interessanteres gibt als einen Stapel frischgehacktes Holz, dessen zarte Tönung der Maserung seine Lebensgeschichte offenbart, während es darauf wartet, Wärme und Behaglichkeit zu spenden.

Und so, ähnlich dem Eichhörnchen, füllten wir unsere Lager für den Winter, und wenn wir durch heftige Schneefälle von der Außenwelt abgeschnitten wurden, waren wir geborgen und versorgt. Der Weizen war in der Mühle zu Mehl geworden und lagerte nun in Behältern, damit wir daraus unser Weiß- und Weizenschrotbrot backen konnten. Das Holzfaß war mit Fleisch gefüllt, und die Hennen gaben uns täglich Eier. Wenn das Tageslicht dahinschwand, entzündeten wir die Kerzen in ihren Haltern, und die Lampe verbreitete in der Küche einen weichen Schein. Angesichts des Winters wurden die meisten Arbeiten auf der Farm eingestellt, und mit Freude sahen wir den langen, gemütlichen Abenden rund ums Feuer entgegen.

Eine der letzten Arbeiten, die auf dem Land noch verrichtet werden mußte, war das Pflügen. Gewöhnlich arbeiteten wir in Gruppen, aber mein Vater verbrachte viele Tage allein mit den Pferden beim Pflügen. An einem Winterabend ging ich in der frühen Dämmerung zum Feld, das mein Vater gerade beackerte. Über den Furchen der braunen Erde hob sich die Silhouette des Mannes, des Pfluges und seiner Pferde gegen den Himmel ab, der sich langsam verdunkelte. Die letzten Strahlen der Wintersonne umgaben diese drei mit einem sanften Lichtschein. Ich hielt den Atem an, aus Furcht zu stören, denn ich hatte das Gefühl, einer Heiligen Kommunion von Natur, Gott und Mensch beizuwohnen.

Mein Vater, der die Erde bearbeitete, war mit der Natur eng verbunden und billigte ihre Gesetze und die Gebote Gottes. Jahre danach, als er ein hochbetagter Mann war, fragte ich ihn bei Besuchen: »Wie geht's dir?« Er lächelte gelassen und antwortete: »Ich warte.« Der Tod war für ihn so natürlich wie die Jahreszeiten, und er war mit seinem Gott draußen auf den Feldern ins reine gekommen. Er war kein besonders frommer Mann, aber er war ein denkender, der alles bis ans Ende voraussah. Im Alter fand er seinen inneren Frieden. Es war, als hätte er, dem Ende seines Weges nahe, zurückgeschaut und festgestellt, daß alle Windungen ihn letztlich in die eine Richtung geführt hatten.

»Gebt mir mein Hemd!«

Dan war nicht mit einem sonnigen Gemüt gesegnet, aber er besaß einen rasiermesserscharfen Verstand und einen beißenden Witz. Seine Rolle im Leben war am besten mit der eines wandernden Teilzeit-Landarbeiters zu umschreiben. Wie viel er reiste und für wie lange er arbeitete, war allein Dans Entscheidung. Er war ein Freigeist und marschierte zum Klang seiner eigenen Trommel. Gewerkschaften waren für Dan völlig überflüssig, da er einfach weiterzog, wenn ihm die Bedingungen nicht zusagten. Er war Herr seines eigenen Schicksals, aber nie fügte er jemandem Unrecht zu, und er war absolut ehrlich.

Dan kam ein paarmal im Jahr zu uns, und die Dauer seines Aufenthalts hing von vielen Faktoren ab. Seine Garderobe bestand aus einem braunen Papierbeutel, der sein Ersatzhemd enthielt, das er meiner Mutter bei der Ankunft anvertraute und bei seinen manchmal hastigen Abgängen zurückverlangte. Manche Leute glaubten, einen Auftritt veranstalten zu müssen, aber Dan war jemand, der seinen Abgang in Szene setzte, und sein letzter Paukenschlag beim Abschied war stets: »Gebt mir mein Hemd! Ich gehe.«

Gewöhnlich kam er um die Weihnachtszeit, weil er dann den Hof mehr oder weniger für sich allein hatte. Damals gingen die Landarbeiter am Weihnachtsabend und kehrten nicht vor dem ersten Februar zurück, dem

Beginn des Arbeitsjahres. Dan wäre länger geblieben, hätte er es allein mit meinem Vater aufnehmen müssen, obwohl auch dieser ihm schon zuviel wurde.

Am Ende unseres Hauses lag ein großes Eckzimmer, in dem mein Bruder schlief und das ein Erkerfenster mit Blick auf den Garten hatte. In diesem Zimmer stand immer ein überzähliges Bett, und manchmal lag Dan morgens darin, wenn er in der Nacht angekommen war und niemanden stören wollte. Häufiger jedoch fand man das Bett benutzt vor, aber Dan fehlte, weil er bereits hinausgegangen war, um die Kühe zum Melken heimzutreiben. Er hatte einen leichten Schlaf und war ein Frühaufsteher. Waren die Kühe auf dem Hof, klapperte Dan in der Küche herum und veranstaltete solch einen Höllenlärm, daß er das ganze Haus aufweckte. Wenn sich irgendeiner beschwerte, war der einzige Trost, den Dan ihnen spendete, die Bemerkung: »Verschlafe nicht dein ganzes Leben!«

Unter den anderen Farmhäusern, die er mit seiner Gegenwart beehrte, war das einer Witwe, die auf der anderen Seite des Flusses lebte. Sie war sehr geizig, was das Essen anging, und Dan genoß es, ihr den letzten Bissen herauszulocken. Bei einem Mittagessen gab sie ihm einen großen Teller mit Kohl, der auf der Farm reichlich vorhanden war, und dazu ein winziges Stück Rindfleisch. Dan forderte mehr Fleisch. Er bekam noch ein bißchen und dazu wieder einen Haufen Kohl. Als er erneut mehr Fleisch verlangte, sagte sie: »Dan, das Rindvieh wird noch in deinem Magen brüllen, wenn du mehr Fleisch ißt.«

»Mein Gott, Madam«, raunzte er, »wenn es das tut, wird's nicht sein, weil es nach Kohl sucht.«

Am Ende hatte er die Witwe satt, und eines schönen und frühen Morgens verlangte er sein Hemd zurück, und weg war er.

Sie traf ihn einige Monate später in der Stadt und beschwerte sich bitterlich darüber, wie unrecht es von ihm gewesen sei, sie zu verlassen, als sie ihn doch gerade so gebraucht hätte.

Dan warf sich zu seiner vollen Größe von 1,55 Meter auf, starrte sie unter buschigen Augenbrauen hervor an und schnaubte: »Madam, ich desertierte aus der Armee des Königs von England, was sind Sie im Vergleich zu ihm?!«

Dan vertrug sich mit meinem Vater normalerweise gut, aber auch sie konnten ihre Differenzen haben.

An einem Wintertag gab Dan den Kühen zuwenig Heu, und mein Vater bat ihn darum, ihnen doch ein wenig mehr zu geben. (Die Kühe waren den Winter hindurch in ihrem behaglichen Stall und wurden täglich mit Heu gefüttert.) Als mein Vater am nächsten Tag in den Stall ging, fand er die Kühe bis an die Ohren im Heu stehen. Dan hatte beschlossen, des Guten zuviel zu tun. Mein Vater machte ihn darauf aufmerksam, worauf Dan sagte: »Mein Gott, Boß, heiß oder kalt, nichts stellt dich zufrieden. Gib mir mein Hemd, und ich gehe.«

Wir wußten nie, wohin er ging, und waren nie überrascht, wenn er wieder auftauchte. Einmal, als er nach einer Abwesenheit von ungefähr zwölf Monaten zurückkam, bemerkte mein Vater, daß wir ihn lange Zeit nicht gesehen hätten. Dan blickte zu ihm auf und erwiderte: »Ich war Gast seiner Majestät des Königs.«

Wir Kinder standen oft unter Beschuß von Dans unberechenbarem Temperament. An einem Tag während eines dieser Scharmützel nannte ich ihn in einem Anfall von Ärger »Danilein«. Meine Mutter griff ein und tadelte mich, weil ich so frech gewesen wäre. Dan versuchte nüchtern und sachlich zu bleiben: »Frauchen«, meinte er, »Kinder sagen nur das, was sie hören.« Und wir hörten außergewöhnlich viel von Dan.

Auf der anderen Seite des Tals lebte ein großer, fetter Mann mit einer gewaltigen Wampe. Dan beschrieb ihn eines Tages so: »Mein Gott, Boß, wenn er ausgenommen würde, gäbe er ein nettes Entenhaus ab.« Danach hatte ich beim Anblick eines dickbäuchigen Mannes immer die Vorstellung von Enten, die bequem in Reihen hinter der straffgespannten Weste sitzen.

Dan war ein kleiner Mann, der einen langen Spazierstock mit einem großen Knauf trug. Er legte oft seine beiden Hände auf den Knauf und ließ sein Kinn auf ihnen ruhen. Mit träumerischem Blick in den Augen sagte er dann:

»Für jedermann
Ist es so ungerecht,
Wir wissen nicht,
Welchem Manne zu trauen ist.
Wir vertrauten vielen

Zu meinem Leidwesen,
So zahle noch heute,
Und morgen werden wir dir vertrauen.«

Er war kein zartfühliger Mann und machte sich wenige Illusionen über seine Mitmenschen. Eines Tages stand er da und sah Mick zu, der versuchte, einen Stiel an einem Hammer anzubringen, es aber nicht schaffte, ihn fest einzupassen. Dan konnte es nicht mit ansehen, entriß ihm Hammer und Stiel und sagte in vernichtendem Ton: »Kein Wunder, daß Oisin vom Pferd fiel.«

Als Micks Vater in diesem Jahr starb und viel Geld hinterließ, war Dans einzige Bemerkung: »Mein Gott, aber er starb verdammt gut.« Der Tod war für Dan nichts, worüber man trauerte. Man hatte sich den Gegebenheiten des Lebens zu stellen.

Er hatte viele Jahre in der britischen Armee gedient und am Burenkrieg teilgenommen, wo es seine Aufgabe gewesen war, die Toten zu bestatten. Er behauptete, daß kein Mann gefallen sei, den er nicht alleine hätte hochheben können. Seine Muskeln waren durch das Hochheben toter Engländer gestählt, und daher bereitete ihm das Schleppen von Kohle- und Mehlsäcken keinerlei Mühe. Ein Sack voll Kohle, erläuterte Dan, war eine saubere Sache im Vergleich zu einem Leichenhaufen.

Nach den Aufregungen der Kriegsjahre fand Dan mit seiner Begierde nach dem Ungewöhnlichen die Armee langweilig und beging deshalb Fahnenflucht. Am Abend, als er in sein Heimatdorf zurückgekehrt war, traf er sich mit seinen alten Kumpeln und betrank sich lauthals. Nach der Polizeistunde torkelte er mitten durchs Dorf und sang aus vollster Kehle. Am Ende der Straße war die Kaserne, vor deren Tor ein 1,80 Meter großer Schutzmann stand, der diesen Unruhestifter in Miniformat musterte. Dan aber, mit Ausnahme seines eigenen glücklichen Zustands allem gegenüber blind, nahm den Schutzmann erst wahr, als er mit dem Stock einen Schlag auf den Kopf bekommen hatte. Dans Schädel war jedoch immun gegenüber allen Arten von Schlägen, deshalb trat er nur zurück und besah sich seinen langbeinigen Gegner. Vielleicht wähnte sich Dan zurück auf dem Schlachtfeld und glaubte, daß dies eine aufrechtstehende Leiche zum Abtransport sei, jedenfalls senkte er den Kopf und ging zum Angriff über. Er rammte den Schutzmann mit seinem eisernen Schädel, keilte den Kopf zwischen seine Beine, packte diese, warf den großen Mann über seine Schulter und trug ihn kopfüber huckepack durchs Dorf, bevor er den Fassungslosen über die Friedhofsmauer beförderte. Dann trat er seinen hastigen Rückzug über die Felder an.

Unnötig zu erwähnen, daß er sich mit dieser Tat nicht beliebter bei den Gesetzeshütern machte, die bereits wegen seiner Fahnenflucht hinter ihm her waren. Dan fand Gefallen an der Verfolgung, und wenn er spät abends an einer Kaserne vorbeikam, hinterließ er gern an der Tür eine Mitteilung, um die Insassen zu ärgern: »Der große Dan ist hier vorbeigekommen.« Schließlich aber wurde er gefaßt und vom Kriegsgericht zu Gefängnis verurteilt.

Der Schutzmann, den Dan huckepack getragen hatte, erzählte dem Feldwebel, der Dan in Gewahrsam genommen hatte, Dan habe das Herz seiner Mutter gebrochen. Diese Information bestätigte den Feldwebel in seiner schlechten Meinung über Dan, und als er ihn seine Runden auf dem Kasernenhof drehen ließ, schrie er dem widerwilligen Soldaten zu: »Mann, Sie haben Ihrer Mutter das Herz gebrochen, aber meines werden Sie nicht brechen!«

Doch er konnte Dans Herz auch nicht brechen, weil dieser bei Streitfällen und Zankereien auflebte. Letztlich gab es die Armee auf, und nachdem er einen Monat bei Wasser und Brot zugebracht hatte, entließ man Dan. Da er aber einen guten Kampf liebte, besonders mit jemandem in Uniform, war er oft Gast in den Gefängnissen seiner Majestät.

Kam Dan vor Gericht, war er gewöhnlich wegen Ruhestörung angeklagt. Bei einem Fall fungierte ein Mann namens Burke als Staatsanwalt. Er listete mit großem Vergnügen Dans langes Vorstrafenregister auf. Burke hatte eine dunkle Narbe auf seiner Wange, das Ergebnis eines Streits in seiner Studentenzeit. Er vervollständigte die Darstellung von Dans Vergehen mit der Bemerkung: »Euer Ehren, dieser Mann hat sein Leben damit verbracht, von Kampf zu Kampf zu gehen.«

»Zumindest aber«, schrie Dan durch den Gerichtssaal, »habe ich aus allen Kämpfen ein heiles Gesicht davongetragen!«

Alle im Gericht waren höchst amüsiert, der Richter eingeschlossen. Er litt oft unter dem langatmigen, hochtrabenden Burke. – Der Fall wurde zu den Akten gelegt.

Dan hatte einen speziellen Gegner, den er den »Buren« nannte. Es war der örtliche Leichenbestatter, und sobald sie sich begegneten, zogen sie ihre Jacken aus, krempelten die Ärmel hoch, und der darauffolgende Kampf dauerte so lange, bis einer von beiden bewußtlos geschlagen war. Dan bestand stets darauf, daß der »Bure« der einzige Mann sei, den er kenne, mit dem es sich zu kämpfen lohne. Er stelle eine wirkliche Herausforderung dar. Warum er ihn den »Buren« nannte, wußte allein Dan.

Eines Tages, beide Männer waren schon alt, besuchte Dan seinen Gegner, und gerade als der »Bure« kampfbereit zurücktrat, hielt ihm Dan seine Hand als Zeichen der Freundschaft entgegen und meinte: »Wir hatten viele großartige Kämpfe, und du hast mir viel Freude gemacht, aber nun gebe ich die letzte Runde an dich. Ich werde bald sterben, und keinem anderen würde es mehr Vergnügen bereiten, mich zu begraben, als dir.« Bevor der überraschte Leichenbestatter seinen Mund öffnen konnte, klatschte Dan einen Briefumschlag mit Banknoten auf den Tisch und ging zur Tür hinaus. Dabei blickte er über seine Schulter zurück und sagte: »Bure, ich werde dich nie mehr herausfordern.«

Als Dan starb, hinterließ er ein Testament, in dem er Tausende von Pfund all den Leuten vermachte, die er am wenigsten leiden konnte, und das waren viele. Die Tatsache, daß er keinen Penny besaß, bewies, daß Dan zum Klang seiner eigenen Trommel ins Grab marschierte.

Eine einfache Fahrkarte

Kinder, die sehr jung sterben, hinterlassen eine lebendige Erinnerung in den Herzen derer, die sie liebten. Es ist, als hätte die Kerze ihres Lebens, weil sie nur für kurze Zeit geleuchtet hatte, besonders hell gestrahlt.

Connie war der Jüngste unserer Familie, geboren im Herbst des Kinderzeugens meiner Eltern. Er war ein langbeiniger, kleiner Junge von zartem Knochenbau mit seidigblondem Haar, das bis auf die Schultern reichte. Seine Geburt brachte große Freude; nach fünf Töchtern war er, versteht sich, eine willkommene Abwechslung.

Er war ein phantasievolles, sensibles Kind, das mit der bewundernden Liebe des vorwiegend weiblichen Haushalts aufwuchs. Mein älterer Bruder hatte zu der Zeit schon die freie Welt der Kindheit hinter sich gelassen und stand mit beiden Beinen im Treibsand der Pubertät.

Es lag nur ein Jahr zwischen Connie und mir, so daß wir in der frühen Kindheit wie Zwillingslämmer aufwuchsen. In meiner frühesten Erinnerung sitze ich draußen vor dem Haus auf einer warmen Steinplatte, und Connie sitzt in seinem Kinderwagen unter einer riesigen Palme. Sie beherrschte unseren Garten, ihre Äste streiften die Fensterscheiben und füllten die Zimmer auf dieser Hausseite mit Schattenbildern, die sich ständig bewegten.

Connie und ich verbrachten unsere Tage im Gehölz hinter dem Haus. Die anderen gingen zur Schule, und so waren wir uns selbst überlassen. Wir spielten Phantasiespiele unter den Bäumen, wo der Boden weich war vom Laub und von den Kiefernnadeln vieler Jahre. Ein alter Baum hatte ein riesiges Loch in seinem Stamm. In dieses setzten wir uns und gaben vor, zu vielen fremden Orten zu reisen. Da wir nicht zur Baumkrone hinaufsehen konnten und es immer höher und noch höher hinaufzugehen schien, glaubten wir, daß er in den Himmel wuchs. Der Himmel war für uns in jenen Tagen sehr gegenständlich. Der sichtbare Himmel war unser Dach und zugleich das Erdgeschoß des Himmelreichs; dort oben waren Gott, die Engel und unsere Katze, die im Jahr zuvor gestorben war. Alles, was unsere Welt verließ, landete im Himmel, und nie bezweifelten wir, mit einer einfachen Fahrkarte. Wenn der Himmel letztlich der Ort war, wo wir alle zu enden hofften, wer würde da an eine Rückkehr denken?

Wir fütterten jeden Tag die Enten und Hühner. Die kleinen Kälber waren unsere Lieblingstiere, obwohl wir alle jungen Tiere auf dem Hof sehr liebten. Oft besuchten wir Bill oben auf dem Hügel, wo er uns Geschichten erzählte und auf seinem Esel reiten ließ. Wir konnten durch die Felder streifen und für Stunden abwesend sein, ohne daß sich jemand sorgen mußte, weil es auf dem Land frei und sicher war.

Das einzige Verschwinden, das je Panik auslöste, ereignete sich an einem nassen Wintermorgen, als Connie vermißt wurde. Der Bach im hinteren Teil des Gartens hatte sich in einen zornigen, reißenden Strom verwandelt, dessen Fluten sich im Garten anstauten und das Gehölz hinter dem Haus unter Wasser setzten. Connie war nirgendwo zu finden, und wir befürchteten, daß er in die Wasserfluten gefallen sein könnte. Eine gründliche Suchaktion führte zu dem Ergebnis, daß dies zwar unwahrscheinlich war, aber trotzdem nicht völlig ausgeschlossen werden konnte. Jeder Winkel von Haus und Hof wurde ergebnislos durchsucht. Am meisten bestürzt war ich, und ich entschloß mich, zu unserer Schäferhündin in die Scheune zu gehen, die in der Woche zuvor kuschelige Welpen geworfen hatte. Und da, an die frischgebackene Mutter gekuschelt, lag Connie, tief schlafend, und war kaum von den Welpen zu unterscheiden, die auf ihn gekrabbelt waren.

In der Nacht schliefen wir zusammen in einem großen Bett, das ein altmodisches hohes Kopf- und Fußteil aus Holz hatte. Das flaumige Deckbett, das gefüllt war mit den über die Jahre in der Weihnachtszeit gesammelten Daunen der Enten und Gänse, spendete uns Wärme und auch Vergnügen. Wir stellten uns auf den hohen Rahmen am Kopfende und tauchten in die behagliche Fülle ein. Sie hatte versunkene Pfade und Feentunnel und bot zahllose Möglichkeiten, sich zu verstecken. Wir mußten früh zu Bett gehen, und Schlafen war das letzte, was wir wollten. Deshalb verwandelten wir das Bett in einen Spielplatz, der von Gestalten und allem, was unsere Phantasie gerade hervorbrachte, bevölkert wurde. Wir kratzten Bilder in das Kopfteil, und Männer und Frauen aus der Unterwelt stolzierten um unsere Kopfkissen herum. Niemand kümmerte sich um die Beschädigung der Lackierung. Wir hatten keine Puppen und Teddybären, um damit im Bett zu kuscheln, denn es war Krieg, und Luxus dieser Art gab es nicht – wurde aber auch nie vermißt. Statt dessen gab uns unsere findige Mutter zwei kleine Statuen, die eine stellte die Heilige Theresa dar und die andere das Jesuskind. Damals herrschte kein Mangel an Statuen in irischen Haushalten, so daß wir jeden Abend unsere abgenutzten und beschädigten, aber heißgeliebten Statuen mit ins Bett nahmen.

Einmal die Woche verließ uns meine Mutter, um meine Großmutter, die einige Meilen entfernt lebte, zu besuchen. Sie war nie sehr lange abwesend, aber unser Zuhause verlor etwas von seiner Wärme, wenn sie fort war, und kam sie nicht zur Schlafenszeit zurück, kümmerte sich meine älteste Schwester Frances um das Nötige.

Dies war an einem Winterabend der Fall. Meine Schwester Frances zog uns die Schlafanzüge an, entzündete eine Kerze und brachte uns nach oben ins Bett. Den älteren Kindern wurden Kerzen für das Schlafzimmer anvertraut, die jüngeren aber hatten sich mit dem Mondlicht zu begnügen, waren sie erst einmal warm zugedeckt.

An diesem Abend tat uns der Mond jedoch keinen Gefallen und ließ uns völlig im Dunkeln. Warm zugedeckt schmiegten wir uns behaglich in unser bequemes Federbett und kümmerten uns nicht weiter darum. Als wir gerade beim Einschlafen waren, bemerkte ich, daß die Statuen uns keine Gesellschaft leisteten. Wir klopften an den Holzboden, um Hilfe aus den unteren Regionen herbeizurufen, und als Frances unserem Ruf folgend hochkam, erklärten wir ihr, daß unsere Statuen fehlten. Sie begab sich auf die Suche nach ihnen. Nach einer langen Zeit kam sie zurück und steckte die Statuen neben uns unter die Bettdecke.

Ich fuhr mit meinen Fingern über das Jesuskind und bemerkte, daß es eine merkwürdige Form hatte. Dann flüsterte Connies schläfrige Stimme in der Dunkelheit: »Die Heilige Theresa hat heute nacht einen sehr langen Hals.« Wie auch immer, wir waren zu müde, der Sache weiter nachzugehen.

Als wir am nächsten Morgen erwachten, entdeckten wir, daß wir anstelle der beiden vermißten Statuen zwei Flaschen Bier festgehalten hatten.

Meine erste Puppe erhielt ich beim nächsten Weihnachtsfest, und auch Connie bekam eine kleine Stoffpuppe, die er Schlappschwanz nannte. Als ich an jenem Morgen aufwachte und meine Beine bewegte, klirrte etwas ganz unten am Bett. Es war eine Puppe mit einem Gesicht aus Porzellan, und wir nannten sie Katie Maria. Wir hatten viele vergnügliche Stunden mit unseren neuen Freunden, aber wir ließen unsere zwei alten Kameraden, die auf unserem Nachttisch wachten, nicht im Stich.

Wenn es Sommer wurde, kehrten wir in das Gehölz und unser Baumhaus zurück. Wir lebten in einem Wunderland für Kinder und hatten nie harte Schicksalsschläge erlebt. Plötzlich aber pfiff uns eine eisige Brise entgegen, als Connie schwer erkrankte. Tag und Nacht hatten wir miteinander verbracht, all unsere kindlichen Geheimnisse geteilt, und jetzt plötzlich konnte er nicht mehr lachen. Er lag still und ruhig mitten in seinem Federbett, wie ein kleiner Vogel. Ich saß auf dem Boden und spielte mit Schlappschwanz und Katie Maria. Unentwegt sprach ich zu Connie und fühlte, daß er irgendwie wußte, daß ich bei ihm war, obwohl er nicht antworten konnte. Der Arzt kam jeden Tag, und ich verkroch mich in eine Ecke, während er Connie untersuchte. Meine Mutter führte lange Gespräche mit dem Doktor, und ich konnte den Kummer in ihrem Gesicht sehen.

Eines Tages, nachdem der Arzt dagewesen war, erklärte mir meine Mutter, daß Connie ins Krankenhaus müßte und dort vielleicht wieder gesund werden würde. Sie war sich dessen aber nicht sicher. Ich schaute in das angsterfüllte Gesicht meiner Mutter und befürchtete, Connie würde nie mehr zurückkommen. Seit er krank geworden war, ahnte ich, daß sich etwas Schreckliches ereignen würde, und jetzt bildete die Gewißheit einen schweren Kloß der Angst in meinem Herzen. Ich ging ins Gehölz und setzte mich in unsere alte Baumhöhle. Ein schwarzes Auto bog auf den Hof, und durch die Bäume sah ich meine Mutter mit Connie in den Armen herauskommen. Er war in eine weiße Decke eingewickelt, aber das Gesicht meiner Mutter war noch bleicher.

Ich blieb den ganzen Tag in der Baumhöhle, wo ich mich Connie nahe fühlte. Nie kamen mir Tränen in die Augen. Weinen war etwas, das man tat, wenn man sich in den Finger geschnitten hatte. Was jetzt geschah, lag jenseits aller Tränen.

Als es dunkel geworden war, hörte ich am Knirschen der Kiefernnadeln, daß jemand kam. Es war Bill. Er setzte sich vor den Baum, weil er nicht hineinpaßte, saß einfach da und sagte nichts, während ihm Tränen übers Gesicht liefen. Ich kroch aus der Höhle, setzte mich auf seinen Schoß und schlang meine Arme um seinen Hals. Und so saßen wir, Bill und ich, eng umschlungen in unserem furchtbaren Schmerz, ich ganz still, mein lieber Freund mit herzzerreißendem Schluchzen.

Connie starb am nächsten Tag. Ich fühlte mich nicht schlechter, denn mir schien, als wäre es bereits vorher geschehen. Eigentlich fühlte ich mich besser, weil ich fest glaubte, daß er nun, da er das Krankenhaus verlassen habe und in den Himmel gegangen sei, zurückkommen würde. Jeden Tag schaute ich mehrmals in unsere Baumhöhle für den Fall, daß er dorthin zurückgekommen war. Unser kleines Zimmer wurde vollständig leergeräumt. Die Vorhänge waren geschlossen, und auf dem Nachttisch tropfte und kleckerte eine Schwefelkerze. Die Nonnen im Krankenhaus hatten meiner

Mutter eine Reliquie der Heiligen Theresa und eine rosarote Rose aus Wachs, die auf dem Tisch stand, mitgegeben. Ich haßte die rosafarbene Rose. Irgendwie war ich zu der Überzeugung gelangt, daß Gott Connie genommen und an seiner Stelle diese dumme Rose gesandt hatte.

Eines Tages, als ich hineinguckte, um zu sehen, ob Connie da sei, konnte ich es nicht länger aushalten, packte die Rose und zerpflückte sie, Blatt für Blatt.

Meine Weigerung, den Tod Connies zu akzeptieren, muß meiner Mutter zusätzliche Qualen bereitet haben. Um dieses Problem zu lösen, fragte sie mich eines Tages, ob ich gern Connies Grab besuchen würde. Ich war erfreut und stürzte nach oben, um Schlappschwanz und einen Sack mit Connies Lieblingssüßigkeiten zu holen, die ich unter unserem Bett versteckt hatte. Es dauerte lange, bis mir bewußt wurde, daß die Fahrkarte zum Himmel tatsächlich eine einfache war.

Jahre danach öffnete ich eine Zimmertür in einem fremden Haus, und der Geruch einer Schwefelkerze traf mich mit solcher Wucht, daß in meinem Unterbewußtsein eine Kiste voller Erinnerungen aufsprang und mich in unser kleines Zimmer zurückversetzte. Ich stand wie angewurzelt da, als Tränen über mein Gesicht strömten und einiges vom Schmerz jener Tage wegwuschen.

Ort der Heilung

Das frostige, fedrige Gras
Knirschte unter meinen Füßen
Als mein warmes Tal
Mich liebkosend begrüßte;
Frostgeschmückt glitzerten
Die Bäume und das Gras
In der Morgensonne
Und über dem Fluß
Die behütenden Berge
Verhüllt in nebligem Licht
Standen fest. Nicht ein Laut
Nur das Glucksen des Flusses
Und die Kameraden der Einsamkeit
Meine gefiederten Freunde
Warfen meine Gedanken zurück
Verkündeten ihre Entzückung
In ungehemmter Freude.

Oh, diese Gedanken zu bewahren
Und diesen Ort für immer
In meinem Gedächtnis
Diesen geliebten Ort
Der so sehr Teil von mir ist.

Ich stand still
Und ließ die Essenz

Dieses Balsams meines Werdens
Einsickern in das Innerste
Meiner Seele
Um sie festzuhalten
Auf den letzten Seiten
In meinem Gedächtnis
Um sie wieder zu lesen
In einer weitentfernten Stunde
Wenn mein Bedürfnis
So groß ist
Und ich nicht mehr
Kommen kann zu diesem
Meinem Ort der Heilung.

Ein Hauch von Oliver

Meine Großmutter war eine alte, gewaltige Dame. Sie war 1,80 Meter groß, trug wallende, schwarze Kleider und einen gehäkelten Schal um die Schultern. Ihre Erscheinung strahlte Anmut und Würde aus. In späteren Jahren ging sie am Stock, aber sie benutzte ihn hochherrschaftlich bis zu dem Tag, an dem sie mit 98 Jahren starb. Es konnte sein, daß sie den Stock benötigte, um Ruhe und Ordnung aufrechtzuerhalten, weil es ihr nicht mehr möglich war, so schnell zu gehen, wie sie wollte. Gemeinhin wird von Großmüttern angenommen, daß sie liebevoll und zartfühlend sind, doch diesem Bild entsprach sie gewiß nicht. Sie war rechthaberisch, dominant und regierte das Haus mit eiserner Hand. Ihr Ehemann war bereits vor Jahren gestorben, und so führte sie selbst die große Farm und war erfolgreich damit. Sie war eine Vorläuferin im Kampf für die Gleichberechtigung der Frau und davon überzeugt, daß die meisten Frauen ein Geschäft genauso gut wie die Männer führen konnten, wenn nicht besser. Genau das tat sie, aber für ihre Zeit war sie keine gewöhnliche Frau. Sie schlachtete ihre Schweine selbst und rief selten den Tierarzt, weil sie das Vieh selber verarzten und auch Brüche wie ein Experte richten konnte. Einige Verwandte ihrer Mutter waren Ärzte, so daß sie behauptete, die Medizin liege ihr im Blut, und wirklich, als einer ihrer Knechte von einem Stier aufgespießt wurde, rettete ihr schnelles und kundiges Handeln sein Leben.

Obwohl sie ihrer Zeit in manchen Dingen voraus war, gehörte sie in anderen ins Zeitalter der Französischen Revolution. Als die unabhängige Republik Irland ausgerufen wurde und danach die dem englischen König treuen Soldaten im Land herumwüteten, stand meine Großmutter, eine unerschütterliche Republikanerin, mittendrin. Jeder, der auf der Flucht war, wußte, daß er in ihrem Haus einen sicheren Unterschlupf finden würde. Die Soldaten wußten dies auch, und in manch einer Nacht, wenn die Familie fest schlief, fuhren Lastwagen auf den Hof, es folgte ein lautes Hämmern an der Tür, und das Haus wurde durchsucht.

Eines Nachts schlief Larry, ein junger Mann auf der Flucht, im oberen Stockwerk im gleichen Zimmer wie ihr jüngerer Sohn. Ihre beiden Töchter schliefen in einem anderen Raum. Plötzlich klopfte es laut an der Haustür, und meine Großmutter wachte auf. Sie hatte nicht den warnenden Lärm der Lastwagen gehört. Deshalb stieg sie bewußt langsam aus dem Bett, darauf hoffend, Larry so Zeit zur Flucht zu verschaffen. Sie wußte aber nicht, daß das Haus umstellt war. Sie zögerte das Aufmachen noch weiter hinaus, das Klopfen ging in ein Hämmern über, und laut wurde gefordert: »Öffnen Sie, im Namen des Königs!« Endlich machte sie die Tür auf, und die Soldaten marschierten an ihr vorbei ins Haus. Sie durchsuchten alles gründlich, rissen sogar die Bettlaken herunter. Als sie nichts finden konnten, wurden sie sehr ärgerlich, denn sie schienen sicher zu sein, daß jemand hätte da sein müssen.

Meine Großmutter war eine zähe Frau, die keine Angst kannte. Sie forderte die Soldaten auf, das Haus zu verlassen, sie hätten ja alles durchsucht. Sie ließ sich auf keine Diskussionen mit ihnen ein, gab sich schmallippig – was ihr nicht leicht gefallen sein dürfte, denn Schweigen war keine ihrer Tugenden.

Der befehlshabende Offizier, der schon etliche Male gekommen war, schaute meine Großmutter an und bemerkte: »Sie erinnern mich an meine Mutter.«

»So, wirklich«, gab sie bissig zurück, »Ihre Mutter kann nicht viel getaugt haben, wenn Sie einen Soldaten wie Sie aufgezogen hat.«

Endlich gingen die Soldaten, warnten sie aber, sie würden wiederkommen und sie schon noch erwischen. Sie ging zur Tür, um die Lastwagen unten auf dem Weg abfahren zu hören, brachte anschließend ihre Kinder zurück ins Bett und saß dann lange Zeit am Feuer. Sie öffnete die Haustür und schaute forschend ins Zwielicht der Morgendämmerung, um sicherzugehen, daß niemand da war. Es war schon vorgekommen, daß die Soldaten plötzlich zurückgekommen waren in der Hoffnung, jemanden unvorbereitet gefangenzunehmen. Schließlich, als sie sich überzeugt hatte, daß die Luft rein war, ging sie in die Küche und rief laut: »In Gottes Namen, wo bist du?«

Neben der Feuerstelle in der Küche stand ein altes, aufklappbares Bett, das sich in eine Holzbank verwandelte, wenn es zusammengeklappt war. Die Soldaten hatten es kontrolliert, aber als sich der Deckel nicht heben ließ, hatten sie angenommen, es sei einfach nur eine Sitzgelegenheit. Hieraus stieg nun Larry mit einem Gesicht, weiß wie ein Laken. Er war mit knapper Not entkommen.

Meine Großmutter war überzeugt, daß die Soldaten gewußt hatten, daß in dieser Nacht jemand da war. Sie mußten also von jemandem einen Wink bekommen haben. Meine Großmutter verdächtigte daraufhin eine Familie, die weiter unten im Tal lebte, und verzieh ihr nie. Wann immer ihr Name im Gespräch auftauchte, verfinsterte sich ihr Gesicht, und sie sagte: »Böses Blut dort.«

Als ich jung war, blieb ich nie in ihrem Haus, weil ich mich ein wenig vor ihr fürchtete. Mit den Jahren wurde sie ein wenig gesetzter. Oder vielleicht wurde auch ich allmählich mutiger.

Ein lammfrommes Mädchens namens Mary arbeitete für sie im Haus. Sie nahm mich oft vor Großmutters Zorn in Schutz. Einmal kochte Großmutter ein Huhn, füllte die Brühe danach in einen Krug, denn sie liebte Hühnersuppe, und stellte diesen ganz hinten in der Küche auf einen Tisch zum Abkühlen.

Ich hatte beschlossen, die Küche gründlich zu reinigen, fand diesen Krug, wie ich glaubte, voll Wasser und goß den Inhalt vor die Küchentür. Als sie entdeckte, was ich getan hatte, mußte ich den restlichen Tag draußen auf der Farm bei meinem Onkel zubringen.

Als meine Großmutter älter wurde, verbrachte sie mehr Zeit auf dem Stuhl neben dem Feuer und plauderte endlos. Später bereute ich, daß ich ihr nicht mehr Aufmerksamkeit geschenkt hatte, denn sie hatte ein kolossales Gedächtnis, einen scharfen Verstand, und ihr Denken blieb bis zuletzt kristallklar. Sie las regelmäßig die »Irish Press«, die mein Onkel jeden Tag auf dem Rückweg von der Molkerei mitbrachte. Wenn er zur Tür hereinkam, sagte sie: »Gib mir die Zeitung, ich muß schauen, was der alte Brookeborough heute zu sagen hat.« Ihr ganzes Leben interessierte sie sich sehr für Politik und war eine fanatische Anhängerin des für die Unabhängigkeit Irlands kämpfenden Sinn-Fein-Führers de Valera. Da mein Vater politisch auf der Seite der Engländer stand, war sie ihm gegenüber stets etwas mißtrauisch. Abgesehen von ihren politischen Überzeugungen hatten sie jedoch großen Respekt voreinander.

Meine Großmutter hatte einen schwachen Punkt: Alle paar Jahre legte sie sich ins Bett und war davon überzeugt, daß sie sterben müsse. Zugegeben, diese Eigenart entwickelte sie erst, als sie schon über siebzig Jahre alt war, so daß sie auch hätte recht haben können, zog man die durchschnittliche Lebenserwartung in Betracht. Aber sie war keine durchschnittliche Frau, und wenn der Hausarzt kam, ärgerte er sie jedesmal sehr, weil er ihr sagte, sie sei gesund und habe noch viele Jahre vor sich. Sie bekam dieses Problem in den Griff, indem sie einen ihrer Verwandten konsultierte, der

Arzt in einer Nachbargemeinde war. Er wußte, was von ihm erwartet wurde, verschrieb Tabletten und bestätigte ihr, daß sie recht krank sei und das Bett zu hüten habe. Mein Onkel betrachtete das Ganze mit großem Vergnügen und bezeichnete diese Anwandlungen als einen »Hauch von Oliver«. Wie er auf diesen Ausdruck kam, kann ich auch nicht sagen, aber wenn er uns besuchte und sagte, »sie hat einen Hauch von Oliver«, wußten alle, was gemeint war. Vielleicht verstand der Arzt auch mehr, als wir ihm zugestanden. Diese starke Frau, die nie eine Schwäche zeigte, hatte gelegentlich das Bedürfnis, sich ins Bett zu legen und trösten zu lassen. Nach einigen Tagen war sie wieder auf den Beinen.

Als sie nach ihrer Heirat auf die Farm gekommen war, lebten bereits ihre Schwiegermutter, der Schwiegervater und ein Bruder ihres Ehemannes im Haus. Der Schwager heiratete später und hatte zwei Kinder, bevor er ein eigenes Geschäft eröffnete und auszog. Trotz dieser weitläufigen Familie, die zusammen unter einem Dach lebte, herrschte eine vollkommene Eintracht, und alle schrieben dies meiner Großmutter zu. Sie war eine vielseitige Frau. Der Besucherstrom riß nie ab, zu dem auch ein guter alter Freund gehörte, der ihr als Geschenk immer eine Flasche Whiskey mitbrachte – die er selbst austrank, bevor er nach Hause ging.

Sie hatte großes Glück, daß sie durch die Heirat meines Onkels eine ausgezeichnete Schwiegertochter bekam. Ich war am ersten Morgen dabei, als sie die Küche übernahm, und wegen ihrer Tüchtigkeit stand mir vor Staunen der Mund offen. Meine Großmutter bewunderte fähige Leute sehr, und wenn es der Schwiegertochter an Fähigkeiten gemangelt hätte, hätte dies zu Schwierigkeiten führen können.

Mein Onkel war ein glücklicher, großherziger Mann, der ein angenehmes Leben zwischen diesen beiden bemerkenswerten Frauen führte. Er war gesellig, kam regelmäßig zu uns und hatte es immer gern, wenn wir ihn in den Ferien besuchten. In späteren Jahren, als das Fernsehen aufkam, kaufte er ein Gerät und stellte es in einen Schrank. Wenn jemand kam und er gerade guckte, schaltete er sofort den Kasten ab und verschloß den Schrank. Er hielt daran fest, Fernsehen sollte seinen Stellenwert haben, aber keinen Vorrang vor Menschen.

Als meine Großmutter starb, hätte man erwarten können, daß einige ihrer alten Bilder von den Wänden genommen würden. Wie auch immer, als ich Jahre später zu Besuch kam, war ich überrascht und erfreut, die gleichen alten Urgroßtanten und -onkel auf mich herunterlächeln zu sehen. Ihre Schwiegertochter erinnerte sich der alten Dame mit Liebe und Zuneigung.

Da meine Großmutter eine solch überwältigende Persönlichkeit war, bestand die Gefahr, daß sie ihren einzigen Sohn in den Schatten stellen würde, aber dies war nicht der Fall, denn während sie gerade heraus und gebieterisch war, segelte er auf einer sonnigen Wolke durchs Leben. Sie waren zwei grundverschiedene Menschen. Mein Onkel war der Ansicht, daß man sich im Leben großartig vergnügen und hart arbeiten sollte, und nie tat er etwas halbherzig. Am Kopfende des Küchentisches sitzend, konnte er mit der Faust auf den Tisch schlagen und singen: »Ich segle herum in einer Karre. Ich fühl mich wie ein großer Millionär.« Und tatsächlich, er war äußerst großzügig. Hielten wir uns bei meiner Großmutter auf, hatte er stets Kleinigkeiten für uns in der Tasche, wenn er aus der Stadt nach Hause kam.

Er war es, der mich zum erstenmal auf ein Pony setzte, ihm dann einen Klaps aufs Hinterteil gab, so daß es über das Feld galloppierte und ich mich so festklammerte, als ginge es um mein Leben. Schließlich rutschte das ganze Geschirr – das Pony war gerade von der Molkerei zurückgekommen – herunter und ich mit ihm. Ich übte Vergeltung und trat meinem Onkel kräftig gegen das Schienbein. Er aber lachte nur und sagte: »Steig wieder auf!« In meiner Wut tat ich genau das, fand es dann aber derart aufregend, daß ich das Pony den ganzen Tag über ohne Sattel ritt und hinterher eine Woche lang nicht mehr sitzen konnte.

In einem Winter hatten wir starke Schneefälle, und der Schnee blieb nahezu zwei Monate liegen. Auf den Feldern gab es fast zwei Meter hohe Schneewehen, und als wäre dies nicht schon schlimm genug, ging gleichzeitig eine schwere Grippe um. Als sich einige in unserer Familie ansteckten, hatten wir Schwierigkeiten, das ganze Vieh zu füttern, doch mein Onkel kam jeden Tag mit seinem Pferd angeritten und blieb, bis alle Arbeiten erledigt waren, obwohl er danach zu Hause noch seine eigenen Tiere versorgen mußte. Er hatte einen ausgeprägten Familiensinn. »Das allein zählt am Ende des Tages«, sagte er mir einmal.

Am Morgen seiner Hochzeit gingen wir alle zusammen den Weg von unserem Haus zur Kirche hinunter. Plötzlich schoß er durch eine Lücke davon und floh über das Feld. Als ich ihn eingeholt hatte und fragte, warum er weggelaufen sei, meinte er: »Es bringt Unglück, Alice, einer listigen Frau am Morgen seiner eigenen Hochzeit zu begegnen, und Kate ist eben um die Biegung gekommen.«

Kate war eine rothaarige Landstreicherin, der wir täglich begegneten, aber mein Onkel wollte an diesem Morgen kein Risiko eingehen.

Das einzige Mal, daß ich ihn traurig sah, war an dem Tag, als Connie beerdigt wurde. Er saß bleich und schweigsam in unserer Küche. Es war eines dieser Bilder, die sich in meiner Kinderseele einprägten und mir bewußt machten, daß dies ein schrecklicher Tag war. Ich vermute, daß kleine Kinder, für die der Tod unbegreiflich ist, seine Tragik nur durch die Reaktion von vertrauten Erwachsenen erfassen können. Ich gelangte zu der Überzeugung, daß alles, was das Lächeln vom Gesicht meines Onkels wischen konnte, verheerend sein mußte.

Im Herbst seines Lebens erkrankte mein Onkel an unheilbarem Krebs. Ich besuchte ihn nach seiner Operation im Krankenhaus und war erschüttert, zu sehen, was Krankheit einem so großherzigen Menschen antun kann. Seine Frau pflegte ihn in seinen letzten Monaten, und zu sehen, welche Hingabe und Fürsorge wahre Liebe hervorbringen kann, flößte mir Ehrfurcht ein.

Über die Felder

Wenn ich heimgehe
Spaziere ich über die Felder
Diese friedlichen Felder
Wo der warme Tau
Prickelt zwischen
Meinen kindlichen Zehen.
Sitzend unter
Kühlen Eichen und Eschen
Die Schutz geben
Meinen jugendlichen Träumen.
Diese Bäume stehen
Mit blättrigen Armen
Ausgebreitet
Wie Liebende
Nicht leidenschaftlich
Aber mit zarten
Seufzern der Zufriedenheit.
Ich beobachte die Kühe
Friedlich grasend
Neben dem Fluß
Der seinen Weg windet
Durch Stechginster langsam
In die Wälder entschwindet.

Dies ist ein heiliger Ort
An dem Menschen gearbeitet haben

Der Erde Gottes nahe
Unter dem ruhigen Himmel.

Das Weihnachtsfest eines Landkindes

Weihnachten in unserem Haus war immer voller Zauber, und schon Wochen im voraus kribbelten meine Zehen bei dem Gedanken daran.

Der erste Vorbote des Festes war ein Bild vom Weihnachtsmann im »Cork Examiner«. Eifrig studierten wir das Bild und liebten jede Runzel in seinem gütigen Gesicht, das aus einer unscheinbaren Ecke in der Zeitung hervorguckte. Als Weihnachten aber immer näher rückte, wurde seine Gegenwart augenfälliger, weil ihm mehr Platz auf der Seite eingeräumt wurde.

Die erste Vorbereitung bei uns zu Hause war das Rupfen der Gänse, nicht nur für unsere eigene Familie, sondern auch für alle unsere Verwandten. Früh im Dezember wurde ein Abend für das Schlachten und Rupfen reserviert. Nach der Schule mußten an jenem Tag rasch die Hausaufgaben erledigt werden, und wenn die Kühe gemolken und das Abendessen beendet war, wurde die Küche für das Unternehmen vorbereitet. Ich war beim Schlachten nie dabei, weil meine Mutter dieses Ritual nicht vor unseren Kinderaugen ausführte. Wenn sie aber die noch schwach flatternden und warmen Gänse in die Küche brachte, spürte ich, daß es für sie, die von Natur aus sanft war, ein Opfergang war, den sie, wenn möglich, gern vermieden hätte.

Jedes Mitglied der Familie, dessen Arme kräftig genug waren, saß auf einem Stuhl mit Rohrgeflecht, eine warme Gans über den Knien. Mein Vater wollte diesem verrückten Treiben nicht beiwohnen, und nachdem er uns einen Vortrag über Verwandte, die nicht einmal für ihr eigenes Weihnachtsessen sorgen könnten, gehalten hatte, machte er sich auf den Weg und zog über die Felder zu einem Nachbarn, bei dem »Vernunft« herrschte.

Zuerst wurden die Deckfedern gerupft und in eine große Schachtel gelegt, danach der Flaum zusammengekehrt und in eine kleinere Schachtel gepackt. Je später der Abend, desto mehr begannen die Arme zu schmerzen, und Flaumfedern juckten in unseren Nasen, aber meine Mutter beschwatzte und bezirzte uns, bis ein halbes Dutzend Gänse splitternackt auf dem Boden lag. War die Mission vollendet, sahen wir uns gegenseitig belustigt an, denn mit unseren flaumigen Haaren und Augenbrauen sahen wir wie weißhaarige Zwerge aus. Wir räumten alles auf und versammelten uns dann bei einer Tasse Kakao am offenen Feuer – zusammen mit meinem Vater, der sich pünktlich in seinen frostglänzenden, hohen Stiefeln einfand und einen Hauch der beißend kalten Nachtluft mitbrachte.

In den folgenden Wochen wurden die Mauern im Hof gekalkt oder mit Mörtel verputzt und der gesamte Hofplatz und die Zufahrtswege gesäubert und gekehrt. Das Haus selbst wurde innen gekalkt und auf Hochglanz gebracht, doch zuvor wurde der große Kamin gefegt. Stand man nahe am Feuer und spähte durch den Kamin, konnte man den Himmel sehen. Es war ein idealer Kamin für den Weihnachtsmann. Der Küchenboden, die beiden Tische und auch die Stühle, auf denen die ganze Familie saß, wurden geschrubbt. Unser Haushalt zählte selten weniger als zehn Leute: Meine Eltern, wir sechs Kinder, ein Mann, der meinem Vater half, ein Mädchen, das meine Mutter unterstützte, und ständig waren noch ein oder zwei andere Personen da, entweder verschiedene Verwandte oder zusätzliche Aushilfskräfte.

Der nächste Schritt war das »Begrüßen der Weihnacht«, wie wir es nannten. Mein Vater fuhr mit meiner Mutter früh am Morgen in die nächstgelegene Stadt, um alles einzukaufen, was wir Weihnachten brauchten. Zu diesem Zeitpunkt hatten wir gewöhnlich bereits Schulferien und warteten ungeduldig den ganzen Tag auf ihr Heimkommen. Doch meistens wurde es Abend, bevor wir die Ponys auf den Hof kommen hörten. Übersprudelnd vor Aufregung, beobachteten wir, wie eine interessante Schachtel nach der anderen hineingetragen und im Wohnzimmer deponiert wurde. Wir erhaschten einen flüchtigen Blick auf die Limonadenflaschen, die inmitten der roten und weißen Weihnachtskerzen standen, die ihre eigene Geschichte vorhersagten. Andere Leckereien waren geschickt vor unseren gierigen Fingern und forschenden Augen verborgen worden.

Endlich dämmerte der Weihnachtsabend. Wir brachten die Stechpalmzweige, die wir am Sonntag zuvor im Wald gesammelt hatten, hinein. Innerhalb kürzester Zeit wuchsen die Zweige überall und hinter jedem Bild hervor, die Uhr ausgenommen, sie war das Heiligtum meines Vaters und durfte nicht berührt werden.

Dann kam der Weihnachtsbaum. Unser Haus war von Bäumen umgeben. Mein Vater pflanzte sein ganzes Leben lang Bäume und liebte jeden einzelnen von ihnen. Zu Weihnachten litt er wegen der Entscheidung, welchen von seinen »Kleinen« er opfern sollte. Anstelle eines ganzes Baumes begnügten wir uns gewöhnlich mit einem Ast, und wenn dieser mit den tanzenden Weihnachtskarten und Ballons behängt war, schien er uns immer wunderschön zu sein. Wir spannten Papierschlangen durch die Küche und schmückten alles so, wie wir es wollten, während meine Mutter die Füllung für die Gans machte und das Tollhaus um sie herum ignorierte.

Eine große Steckrübe wurde gesäubert und ausgehöhlt, damit eine Kerze darin Platz fand. Dann dekorierten wir die Rübe mit den rotbeerigen Stechpalmzweigen und stellten sie ins Fenster. In dieser Nacht wurden die Rollos nicht heruntergezogen, damit das Licht Josef und Maria den Weg weisen konnte.

Vor dem Abendessen holten wir Brennholz herein und schichteten es hinter dem Feuer im offenen Herd. Nachdem wir es mit einem Wall glühender Torfstücke umgeben hatten, verbreitete es bald die nötige Hitze, um den Toast machen zu können, der zu unserem traditionellen Weihnachtsessen gehörte. Doch bevor wir essen konnten, mußte die Weihnachtskerze angezündet werden. Wir versammelten uns alle um die Kerze, mein Vater entzündete sie, und meine Mutter besprengte uns mit Weihwasser. Danach setzten wir uns an den Küchentisch, mein Vater am Kopfende, meine Mutter zu seiner Rechten und jeder von uns an seinen angestammten Platz. Ich weidete meine Augen am weißglasierten Kuchen sowie am Kümmel- und Früchtebrot, am meisten von allem aber fesselte mich der mit gelber Butter bestrichene Toast.

Nach dem Essen gab es Limonade und Kekse, und die Begeisterung über die prickelnde Limonade, die mir in die Nase stieg, ist in meiner Erinnerung auf ewig mit Weihnachten verbunden.

Unser Grammophon stand normalerweise sicher im Wohnzimmer, aber zu Weihnachten ließ man es darauf ankommen und stellte es in die Küche. Jedes Weihnachtsfest kaufte mein Vater neue Schallplatten, und wir spielten sie ununterbrochen. Um aber die Nachrichten im Radio zu hören, wurde die Ruhe wiederhergestellt. Wir Kinder hatten jedoch keinerlei Interesse daran; es gab für uns keine Welt außerhalb der eigenen.

Nach den Nachrichten knieten wir alle nieder, um den Rosenkranz zu beten, etwas, das ich für gewöhnlich nicht mochte, Weihnachten aber für mich von wahrer Bedeutung war: Es war tatsächlich der Tag der Geburt Jesu. Während ich aus dem Fenster in die dunkle Nacht hinaussah, mußte ich daran denken, daß viele Jahre zuvor die gleichen Sterne auf ihn hinabgeschienen hatten. Ich stellte mir den Stall vor, die Tiere im warmen Stroh und hörte die Engel singen. In dieser Weihnachtsnacht wurde meine Kinderseele weit weggetragen.

Standen wir wieder auf unseren Füßen, begann mein Vater mit seinem gewohnten Ritual, dem Aufziehen der Uhr. Dann bereits am Fuß der Treppe stehend, waren seine letzten Worte zu meiner Mutter: »Len, komm zu Bett, bevor es Morgen wird.« Meine Mutter, ein Nachtmensch, lebte immer vor Mitternacht noch einmal auf, und auch jetzt hatte sie noch Wackelpudding zu machen, Strümpfe zu stopfen und Unterwäsche am Feuer aufzuhängen. Wir Kinder befestigten unsere Strümpfe an dem altmodischen Kran, damit der Weihnachtsmann sie gleich vorfand, wenn er durch den Kamin kam. Dann schickte uns meine Mutter zu Bett, und diejenigen, die schon verantwortungsvoller waren, durften einen Kerzenleuchter mitnehmen.

Wir schliefen in einem großen Zimmer mit zwei Betten und einem eisernen Kinderbett, das ein glänzendes Messinggeländer mit Knäufen besaß. Wenn die Nacht sehr kalt war, brannte ein Feuer, das geheimnisvolle Schatten an die niedrige Holzdecke warf, während der Mond mit seinen Lichtfingern auf den Fußboden schien. Alles schien möglich. Ich versuchte, meine Augen offen zu halten, um den Weihnachtsmann aus dem Schatten heraustreten zu sehen, aber schon bald trug mich der Schlaf in die Welt des Traumes, und ich erwachte mit quälender Vorfreude, weil ich fühlte: Der

Weihnachtsmann war da gewesen. Kein Ereignis im späteren Leben war mit der grenzenlosen Freude dieser Weihnachtsmorgen zu vergleichen, als der Weihnachtsmann noch eine nicht angezweifelte Realität war.

Die Strümpfe enthielten stets einfache Geschenke, und die waren zumeist sehr praktischer Natur, aber dem ganzen Ereignis haftete etwas Zauberhaftes an, das ihm einen zusätzlichen Glanz verlieh.

Nachdem wir Mutter und Vater geweckt hatten, um ihnen die Wohltaten des Weihnachtsmannes zu zeigen, machten sich diejenigen von uns, die zur ersten Messe gehen wollten, zurecht und liefen in der Morgendämmerung die drei Meilen zur Kirche. In den Fenstern der Höfe im Tal brannten Kerzen und machten diesen Morgen zu etwas Besonderem. Die hell erleuchtete Kirche begrüßte uns, doch war es mehr die Krippe als die Messe, die meine Aufmerksamkeit erregte, denn für mich waren es keine Gipsfiguren. Sie waren wirklich.

Nach der Messe liefen wir entweder heim, oder wir wurden von einem Nachbarn in seinem Pferdekarren mitgenommen. Zum Frühstück gab es immer gebratenen Schinken, und danach gingen die anderen Familienmitglieder in die zweite Messe des Tages. Bevor meine Mutter aufbrach, legte sie die gefüllte Gans in den gußeisernen Topf, hängte diesen über das offene Feuer und schichtete eine Lage heißer Kohle auf den Deckel. Hier brutzelte die Gans langsam vor sich hin und füllte die Küche mit einem Duft, der einem den Mund wäßrig machte.

Das Hufgetrappel der Ponys verkündete uns die Rückkehr der Kirchgänger, und nach vielem Hin und Her saßen wir endlich alle zum Weihnachtsessen um den Küchentisch. Hat je irgend etwas so gut geschmeckt? Die Kartoffelfüllung meiner Mutter war einzigartig.

Wir beendeten das Mittagessen mit Beginn der Rede des Königs von England im Radio. Mein Vater hatte protestantische Vorfahren, und von ihm lernten wir nicht nur das Irische, sondern auch das Britische zu schätzen. Meine Mutter verfolgte die Ansprache des Papstes, mein Vater die des Königs von England, und für uns gehörten beide ebenso zu Weihnachten wie der Weihnachtsmann.

Dann wurden unsere neuen Schallplatten wieder und wieder gespielt. Unsere Spielsachen beanspruchten uns so sehr, daß nach dem Abendessen die Erschöpfung siegte und wir auf kleinen, müden Füßen die Treppe hinauf ins Bett wankten.

Für ein weiteres Jahr war alles vorüber, doch jedes Jahr war eine neue Seite im Buch unserer Kindheit.

Tomás O'Crohan
Die Boote fahren nicht mehr aus

Bericht eines irischen Fischers

Aus dem Englischen von Annemarie und Heinrich Böll

Drei Meilen vor der Küste der County Kerry, am äußersten Westrand von Irland, liegt die Große Blasket-Insel, die »Gemeinde, die Amerika am nächsten liegt«. Es ist ein hartes Leben, das die Bewohner dieses winzigen, steinigen Fleckens Erde mitten in der Brandung des stürmischen Meeres fristen. Tomás O'Crohan erzählt als einer, der diese Welt noch erlebt hat und gar keine andere kannte: von tollkühnen Meeresfahrten und Jagden, von Festen mit Spiel und Trunk, von bitterem Hunger, wenn der Fischfang mißglückt ... »Leute wie uns wird es nie mehr geben«, meint der irische Fischer.
Kritiker nannten O'Crohans Bericht, der eigentlich eine poetische Schilderung ist, »famos«. Für Irland-Begeisterte ist dieses wichtige Werk der gälischen Literatur gar zu einem »Kultbuch« geworden.
Bernd Späth lobt: »In der geschliffenen Übersetzung von Heinrich und Annemarie Böll ist dieses Buch ein Lese-Erlebnis für alle Altersklassen.« Und Urs von der Mühll meint: »Für den heutigen Leser wird die Lektüre von O'Crohans Erinnerungen zu einer hochinteressanten Reise in die soziale und wirtschaftliche Vergangenheit unseres Kontinents.«

Peig Sayers
So irisch wie ich

Eine Fischersfrau erzählt ihr Leben

Aus dem Englischen von Hans-Christian Oeser

Peig Sayers' Autobiographie gilt als eines der großen Werke der irischen Literatur. Die »Königin der Geschichtenerzähler« verbrachte die meiste Zeit ihres Lebens auf der Großen Blasket-Insel, Irlands westlichstem Punkt, abgeschnitten von der übrigen Welt. Unter »primitiven« Lebensbedingungen konnte hier die irische Sprache und die keltische Denk- und Ausdrucksweise mit einem immensen Reichtum an Folklore lange Zeit bewahrt werden.
Nach ihrer Heirat - sie war noch keine 19, ihr Mann 30 Jahre alt - zog Peig 1892 auf die Insel. Zehn Kinder brachte sie zur Welt. Einige verlor sie durch Tod, andere, weil sie nach Amerika auswanderten. 1920 starb ihr Mann.
Trotz aller Widrigkeiten des Alltags, Peig ließ sich nicht unterkriegen. »Wir waren arme Menschen, die weder Reichtum noch Luxus kannten. Wir akzeptierten unser Leben und sehnten uns nach keinem anderen.«
Nächst dem Singen und Tanzen war das Erzählen für die Inselbewohner die einzige Form der Unterhaltung wie auch die einzige Form der Weitergabe von althergebrachten Weisheiten und Werten. Peigs Feen- und Geistergeschichten, die sie, die Pfeife im Mund, zum besten gab, sind auf mehr als 5000 Seiten festgehalten worden.
In ihrer Autobiographie beschreibt sie in farbiger Diktion die Naturschönheiten der Insel ebenso wie das spartanische Leben und die reiche Kultur ihrer Bewohner. »Ich habe versucht, meine Geschichte so einfach wie möglich zu erzählen, damit jeder sie lesen und verstehen kann - als würde ich sie den Nachbarskindern am Kamin erzählen.«

Ein Buch aus dem Lamuv Verlag

Alice Taylor

So wird es nie mehr sein

Eine irische Jugend

Aus dem Englischen von Cordula Kolarik

Alice Taylors Erinnerungen an ihre Jugend auf dem Lande wurden in Irland zu einem Bestseller.
Alice Taylor berichtet humorvoll, aber auch wehmütig von einer Zeit, die es so nicht mehr geben wird, nichts wirklich Sensationelles, vielmehr Alltägliches: von schrulligen Nachbarn wie Mike, der angeblich die Schwester seiner Angehimmelten geheiratet hat, weil letztere am Tag der Trauung krank geworden war, von Messen, in denen Leute Karten spielten, Beichten, bei denen Alice und ihre Freundinnen die »fürchterlichsten Sünden« erzählten, »die uns einfielen«, vom ersten Tanzvergnügen in der Stadt, von Zeiten zwischen platonischer Liebe und romantischen Begegnungen, von Ann, die sich in den Kopf gesetzt hatte, »daß ich im letzten Schuljahr in die Welt des Küssens eingeführt werden müßte, unter allen Umständen«...

Ein Buch aus dem Lamuv Verlag